MANV mit CBRN-kontaminierten Verletzten

Herausgeber: Klaus Maurer
Thomas Mitschke

Mitbegründer: Hanno Peter †

Band 6

MANV mit CBRN-kontaminierten Verletzten

Medizinisches Management und medizinische Versorgung

Jürgen Schreiber

3., überarbeitete Auflage

Verlagsgesellschaft Stumpf & Kossendey mbH, Edewecht 2018

Anmerkungen des Verlags

Die Herausgeber bzw. Autoren und der Verlag haben höchste Sorgfalt hinsichtlich der Angaben von Richtlinien und Empfehlungen aufgewendet. Für versehentliche falsche Angaben übernehmen sie keine Haftung. Da die gesetzlichen Bestimmungen und wissenschaftlich begründeten Empfehlungen einer ständigen Veränderung unterworfen sind, ist der Benutzer aufgefordert, die aktuell gültigen Richtlinien anhand der Literatur zu überprüfen und sich entsprechend zu verhalten.
Die Angaben von Handelsnamen, Warenbezeichnungen etc. ohne die besondere Kennzeichnung ®/™/© bedeuten keinesfalls, dass diese im Sinne des Gesetzgebers als frei anzusehen wären und entsprechend benutzt werden könnten.
Der Text und/oder das Literaturverzeichnis enthalten Links zu externen Webseiten Dritter, auf deren Inhalt der Verlag keinen Einfluss hat. Deshalb kann er für diese fremden Inhalte auch keine Gewähr übernehmen. Für die Inhalte der verlinkten Seiten ist stets der jeweilige Anbieter oder Betreiber der Seite verantwortlich.
Aus Gründen der Lesbarkeit ist in diesem Buch meist die männliche Sprachform gewählt worden. Alle personenbezogenen Aussagen gelten jedoch stets für Personen beliebigen Geschlechts gleichermaßen.

Bibliografische Information der Deutschen Nationalbibliothek

Die Deutsche Nationalbibliothek verzeichnet diese Publikation in der Deutschen Nationalbibliografie; detaillierte bibliografische Daten sind im Internet über http://dnb.dnb.de abrufbar.

Satz: Bürger Verlag GmbH, Edewecht
Druck: Pulsio Print, 1592 Sofia, Bulgarien

Inhalt

Abkürzungen

ABC-Gefahr	Atomare, biologische und chemische Gefahren
AKNZ	Akademie für Krisenmanagement, Notfallplanung und Zivilschutz
ArztTrKW	Arzttruppkraftwagen
ATF	Analytische Task Force
BBK	Bundesamt für Bevölkerungsschutz und Katastrophenhilfe
BHP	Behandlungsplatz
CBRN-Gefahr	Gefahren durch Freisetzung chemischer, biologischer, radiologischer oder nuklearer Agenzien
CBRN-MANV	MANV mit CBRN-kontaminierten Verletzten
CSA	Chemikalienschutzanzug
Dekon-P	Dekontamination von Personen
Dekon-G	Dekontamination von Geräten und Materialien
Dekon-V	Dekontamination von Verletzten
DGKH	Deutsche Gesellschaft für Krankenhaushygiene e.V.
DGKM	Deutsche Gesellschaft für KatastrophenMedizin e.V.
DGUV	Deutsche Gesetzliche Unfallversicherung
DV	Dienstvorschrift
EA	Einsatzabschnitt
EAL-F	Einsatzabschnittsleitung Feuerwehr
EAL-RD	Einsatzabschnittsleitung Rettungsdienst
EL	Einsatzleitung
Ex-Gefahr	Explosionsgefahr
FFP	Filtering Face Piece (partikelfiltrierende Halbmaske)
FwDV	Feuerwehr-Dienstvorschrift
GRTW	Großraumrettungswagen
GSG	Gefährliche Stoffe und Güter

GW-SAN	Gerätewagen Sanitätsdienst
KH	Krankenhaus
KOF	Körperoberfläche
KTW	Krankentransportwagen
LNA	Leitender Notarzt (Einsatzfunktion)
LSM	Lebensrettende Sofortmaßnahmen
MANV	Massenanfall verletzter oder erkrankter Personen
MKW	Mannschaftskraftwagen
MTF	Mannschaftstransportwagen
NaCl	Natriumchlorid
NAW	Notarztwagen
OP	Operation
OrgL	Organisatorischer Leiter Rettungsdienst (Einsatzfunktion)
PSA	Persönliche Schutzausrüstung/ Persönliche Sonderausrüstung
PEG	Polyethylenglykol
PSNV	Psychosoziale Notfallversorgung, z.B. im Betreuungsdienst
RN-Kontamination	radiologische/nukleare Kontamination
RTW	Rettungswagen
RTH	Rettungshubschrauber
SEG	Schnell-Einsatz-Gruppe
SG	Stangen-Gerüst
SKK	Ständige Konferenz für Katastrophenvorsorge und Bevölkerungsschutz (bis 12/2010)
STAN	Stärke- und Ausrüstungsnachweis
TEL	Technische Einsatzleitung (ÖEL, GEO u.a.)
UVV	Unfallverhütungsvorschrift
VERKON	Versorgung Kontaminierter
VFDB	Verein zur Förderung des Deutschen Brandschutzes e.V.

Vorwort

Seit dem ersten Erscheinen von »SEGmente 6« im Jahre 2003 unter dem Titel »MANV mit gefährlichen Stoffen und Gütern (GSG)« hat die Entwicklung von Konzeptionen für die medizinische Versorgung kontaminierter Verletzter rasante Fortschritte erfahren. Wissenschaftliche Arbeiten, technische Entwicklungen, organisatorische Richtlinien sowie taktische Konzeptionen wurden vorangetrieben. Selbst der hinlänglich etablierte Begriff des ABC-Einsatzes wird zunehmend durch den international gebräuchlichen Terminus CBRN-Einsatz verdrängt. Dabei stehen die Buchstaben **CBRN** für **c**hemische, **b**iologische, **r**adiologische und **n**ukleare Agenzien. Risiken und Gefahren durch die Freisetzung solcher Agenzien entstehen in der Regel akzidentiell, das heißt durch Unfälle im Umgang mit Gefahrstoffen oder bei deren Transport. Sie entstehen einerseits auch aufgrund von Naturkatastrophen, zum Beispiel als Folge von Sturm, Hochwasser oder extremen Wetterlagen. Andererseits werden sie herbeigeführt durch menschliches Fehlverhalten oder im Zuge strafbarer Handlungen und Gewaltverbrechen. Auch Altlasten, wie zum Beispiel Kampfmittel aus vergangenen Kriegen, oder Bedrohungen durch Seuchen haben CBRN-Lagen in den vergangenen Jahren als ernst zu nehmende Gefährdungen der heutigen Zeit in den Mittelpunkt von Betrachtungen zur Risikobewertung gerückt. Die Freisetzung von CBRN-Agenzien und die Kontamination von Verletzten stellt die Einsatzkräfte vor die schwierige Aufgabe, entlang der gesamten Prozesskette vom Auffinden der Verletzten bis in die klinische Behandlung hinein Kontaminationsverschleppung zu vermeiden, Eigen- und Fremdgefährdungen zu minimieren und dabei trotzdem die bestmögliche präklinische medizinische Versorgung sicherzustellen.

Die in der ersten Ausgabe von »SEGmente 6« unterbreitete Idee einer SEG-GSG wurde zwischenzeitlich bundesweit und über Deutschlands Grenzen hinaus vielerorts aufgenommen, sodass sie in der zweiten Auflage eine Weiterentwicklung unter dem Titel »SEG-VERKON« (Versorgung Kontaminierter) erfahren konnte. Ausführlich wurden Möglichkeiten in Bezug auf Personal, Ausbildung, Struktur, Ausstattung und vor allem Aufgabenprofil beschrieben, die jetzt angepasst wurden.

In dieser jetzt vorliegenden dritten Auflage ist als Schwerpunkt das medizinische Management von MANV-Lagen mit CBRN-kontaminierten Verletzten deutlicher herausgearbeitet worden. Entlang der gesamten Prozesskette der medizinischen Versorgung vom Ereignisort bis in die Aufnahmebereiche der Krankenhäuser sind Rettungs-, Sanitäts- und Betreuungsaufgaben für kontaminierte Betroffene umzusetzen. Das verlangt umfangreiches und von der Regelversorgung abweichendes Einsatzmanagement. Alle Beteiligte des präklinikischen wie klinischen Einsatzes sollten sich daher ebenfalls und weiterhin im Rahmen ihrer Führungs- und Umsetzungsverantwortung mit diesem Thema auseinandersetzen. Dabei ist zu berücksichtigen, dass die Versorgungskette nur dann funktionieren kann, wenn die Verfahren der prozessbeteiligten Organisationen, Institutionen, Behörden usw. aufeinander abgestimmt und in gemeinsamen Konzeptionen definiert sind. Nach wie vor soll »SEGmente 6« allen Einsatz- und Führungskräften ein Arbeits- und Hilfsmittel für die Vorbereitung und Bewältigung von Lagen mit vielen, aber auch einzelnen kontaminierten Verletzten sein. Auf festgelegte Einsatzkonzepte wurde allerdings bewusst verzichtet, um bei unterschiedlichen regionalen Bedingungen der Gefahrenabwehr die Allgemeingültigkeit zu bewahren.

In den nachfolgenden Ausführungen habe ich mich davon leiten lassen, dass Einsatzkräfte, egal ob sie weiblich oder männlich sind und ehren-, neben- oder hauptamtlich ihren Einsatz versehen, meine allergrößte Hochachtung und Anerkennung erfahren. Daher sei mir nachgesehen, wenn ich nicht von Helfern, sondern von Einsatzkräften spreche und der Einfachheit halber auf die parallele Nennung von weiblichen und männlichen Formen verzichte.

Jürgen Schreiber
Affinghausen, im Februar 2018

1 Medizinisches Management in CBRN-Lagen

1.1 Management-Herausforderungen von MANV und CBRN-MANV

Ein sogenannter Massenanfall von Verletzten, Erkrankten oder psychosozial Traumatisierten (MANV) stellt eine »besondere Lage« mit vielfältigen möglichen Abweichungen von der standardisierten medizinischen präklinischen. Individualversorgung dar. Die besondere Herausforderung dabei ist, dass solche Lagen ein Missverhältnis zwischen medizinischem Versorgungsbedarf sowie kapazitativem und qualitativem Leistungsvermögen im Einsatzabschnitt Rettungsdienst aufweisen. Hierin finden sich im Wesentlichen die Ursachen der genannten Abweichungen, die in der präklinischen wie auch in der klinischen Versorgung nur durch eine effektive Ablaufplanung, Versorgungsorganisation und Maßnahmenkoordination zu kompensieren sind. Klar ist, dass alle erkrankten und verletzten Betroffenen zeitgleich das Anrecht auf eine angemessene medizinische Versorgung haben. Auch wird jeder Einsatzverantwortliche das bestmögliche Niveau standardisierter medizinischer Versorgung sicherstellen müssen. Vor dem Hintergrund des zuvor beschriebenen Leistungsdefizites wird vorausgesetzt, dass vital bedrohte, erkrankte oder verletzte Betroffene prioritär ärztlich versorgt und prioritär in ein Krankenhaus transportiert werden, ohne die Versorgung der nicht vital bedrohten Betroffenen unangemessen zu vernachlässigen. Das Dilemma besteht darin, zwischen individueller bestmöglicher präklinischer Maximalversorgung und angemessener Mindestversorgung für alle Betroffenen zeitgleich entscheiden zu müssen.

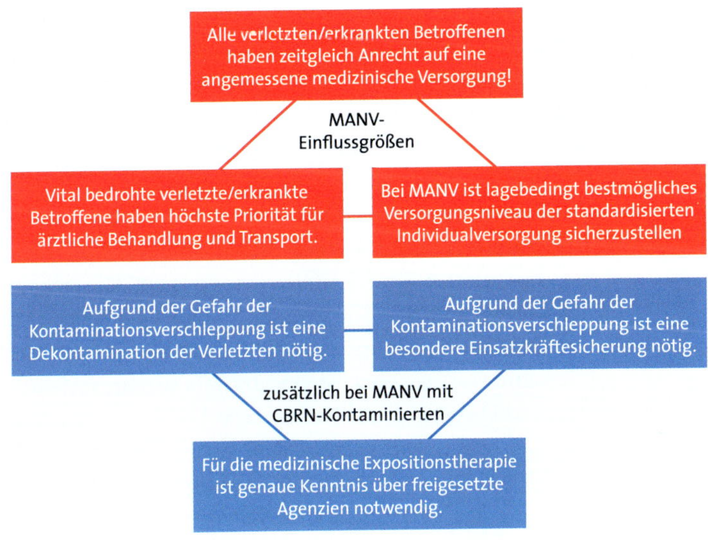

Abb. 1 ▶ Einflussgrößen für MANV und CBRN-MANV

Im CBRN-MANV werden die zuvor beschriebenen Voraussetzungen und Herausforderungen des MANV noch verstärkt. Wegen der Gefährdungen durch freigesetzte Agenzien und der Gefahr von Kontaminationsverschleppung sind besondere Schutzkonzeptionen für Betroffene, Einsatzkräfte, Ausstattung und Prozesse der Rettungs-, Sanitäts- und Betreuungsaufgaben bis hin zu den Funktionsbereichen der Krankenhäuser erforderlich. Das bedeutet, dass sich raumordnungsorientierte Gefährdungs- und Maßnahmenschwerpunkte unter Berücksichtigung von zeitlichen und personellen Aspekten nochmals deutlich von der Konzeption zur Bewältigung eines MANV abgrenzen.

Von CBRN-MANV-Lagen Betroffene werden entsprechend der aktuellen, deutschlandweit eingeführten Feuerwehr-Dienstvorschrift 500 (FwDV 500) »Einheiten im

ABC-Einsatz« als Verletzte bezeichnet. Damit sind alle Personen gemeint, die sich ungeschützt gegen die Wirkmechanismen der freigesetzten CBRN-Agenzien im Gefahrenbereich aufgehalten haben und sich daher gesundheitlich schädigenden Einflüssen ausgesetzt haben können. Das bedeutet, dass für diese Personengruppe die medizinische Versorgung sichergestellt werden muss, obwohl vielleicht noch keine Symptomatik besteht.

Aus diesem Grund zählen häufig auch Einsatzkräfte des Ersteinsatzes in CBRN-Lagen zu den Verletzten – entweder, weil zu diesem Zeitpunkt die CBRN-Lage noch nicht bekannt war oder weil die Einsatzkräfte sich im Vorfeld der Erststrukturierung der Einsatzstelle bereits im Gefahrenbereich befunden haben, ohne es zu wissen. Logisch erscheint, dass alle Verletzten schnellstmöglich nach der Rettung aus dem Gefahrenbereich an dem hierfür erforderlichen Dekon-V-Platz dekontaminiert werden, damit die Gefahren durch Kontaminationsverschleppung und Inkorporation minimiert und eine unverzügliche Aufnahme der MANV-üblichen medizinischen Versorgung vor Ort gefährdungsfrei eingeleitet werden können. Dabei müssen lebensrettende Sofortmaßnahmen (LSM) selbstverständlich initial umgesetzt werden, damit ein Überleben vom Auffindeort bis hin zum Ausgang der Dekon-V möglich wird. Andere Konzepte nehmen eine Kontaminationsverschleppung mit allen daraus resultierenden Risiken und zusätzlichen Aufwänden bis hin zur Dekontamination vor den Kliniken in Kauf. Damit verbundene Chancen sind, dass alle Verletzten schnellstmöglich eine medizinische Versorgung im Krankenhaus erhalten können oder dass das schnellstmögliche Verlassen der Einsatzstelle aufgrund anderer, nicht-medizinischer Lageeinflüsse geboten ist.

Die lagebedingten Sachverhalte des CBRN-MANV und die daraus resultierenden Konsequenzen für den medizinischen Versorgungsablauf kontaminierter Verletzter kollidieren hier mit den üblichen präklinischen medizinischen Versorgungsketten beim MANV, so wie sie sich aufgrund der Konsequenzen aus der (Vor-)Sichtung ergeben. Letztlich setzt die individuelle medizinische Expositionstherapie eine genaue Kenntnis über die freigesetzten Agenzien voraus. Bis dahin wird lediglich eine an Symptomen orientierte medizinische Versorgung möglich sein.

1.2 Generelle präklinische medizinische Versorgungskette

Gemäß der in ABBILDUNG 2 dargestellten generellen medizinischen Versorgungskette wird die präklinische medizinische Versorgung von verletzten und erkrankten Betroffenen durchgeführt. Das ist im individualmedizinischen Notfalleinsatz ebenso gegeben wie im MANV oder CBRN-MANV. Dennoch ergeben sich dabei Abweichungen im Verlauf oder bei den raumzonenorientierten Versorgungsinhalten, die nachfolgend als Besonderheiten hervorgehoben werden sollen.

Mit dem Ereigniseintritt ist der Anlass zu einem Notruf gegeben. Mit dem Notrufeingang bei der Leistelle beginnt die Hilfsfrist, die alle Maßnahmen der Gefahrenabwehr beinhaltet – von der Notrufannahme bis zum Eintreffen der ersten Kräfte von Feuerwehr, Rettungsdienst oder Poli-

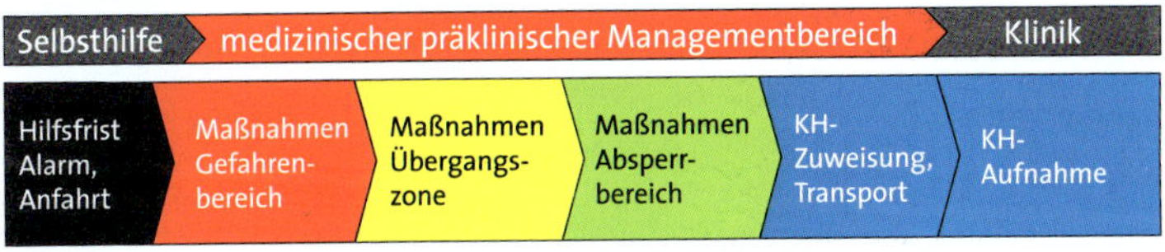

Selbsthilfe
medizinischer präklinischer Managementbereich
Klinik
Hilfsfrist Alarm, Anfahrt
Maßnahmen Gefahrenbereich
Maßnahmen Übergangszone
Maßnahmen Absperrbereich
KH-Zuweisung, Transport
KH-Aufnahme

ABB. 2 ▶ Medizinische Versorgungskette

zei am Einsatzort. Mit Beginn des ersten Zyklus von Lagefeststellung, Einsatzplanung und Maßnahmenumsetzung ist die Ordnung von Raum, Personal, Maßnahmen und Zeit integraler Bestandteil der Einsatzplanung. Eine Einsatzstelle gilt so lange als »chaotisch« oder »unstrukturiert«, bis die raumordnungsorientierte Zuordnung von Maßnahmen sich als Handlungskette der medizinischen Versorgung geschlossen darstellt. Erfahrungsgemäß hat jede Einsatzstelle einen Gefahrenbereich, eine Übergangszone und einen Absperrbereich. Der Gefahrenbereich definiert sich durch den Raum, in dem die Gefahren der Einsatzstelle wirken, und einen Sicherheitsabstand. Zwischen Gefahren- und Absperrbereich liegt die Übergangszone. Sie ist beim MANV als der Bereich definiert, in dem es Einsatzkräften ohne Schutz gegen die herrschenden Gefahren des Gefahrenbereichs möglich ist, so schnell und so nah am Gefahrenbereich wie möglich gerettete Betroffene von den Einsatzkräften zu übernehmen. Dort findet man zum Beispiel Patientenablagen oder Sammelpunkte. Der Absperrbereich ist der Bereich der Aufstell- und Entwicklungsflächen für die Gefahrenabwehr, in dem sich niemand aufhalten soll, der nicht zu den Einsatzkräften oder Betroffenen zählt. Im Krankenhaus endet mit der Übergabe von verletzten und erkrankten Betroffenen die präklinische medizinische Versorgungskette, sodass sich der »medizinische präklinische Managementbereich« von den Maßnahmen in der Raumordnung der Einsatzstelle bis hin zu der Übergabe der Versorgung in die klinische Behandlung erstreckt.

1.3 Raumordnung an der CBRN-Einsatzstelle

Damit an der CBRN-Einsatzstelle eine zweckdienliche, an Gefahrenmomenten orientierte Raumordnung organisiert ist, wird die Einsatzstelle gegen das Umfeld abgegrenzt. Die SKK-DV 500 »Einheiten im CBRN-Einsatz« erweitert die FwDV 500 »Einheiten im ABC-Einsatz« um die »Richtlinie für Rettungs-, Sanitäts- und Betreuungsaufgaben«, sodass die folgenden Aussagen zur Raumordnung auf der FwDV 500 basieren, gemäß der SKK-Richtlinie abgeglichen und an den aktuellen Stand angepasst sind.

Der Gefahrenbereich ist laut FwDV 500 der Bereich einer Unglücksstelle, in dem Gefahren für das Leben oder die Gesundheit von Menschen und Tieren oder Schäden an der Umwelt oder Sachgegenständen zu sehen oder zumindest zu erwarten sind. Es ist also der Bereich, in dem aufgrund von Stofffreisetzung Gefahren entsprechend der Wirkmechanismen auftreten. Besonders zu beachten ist,

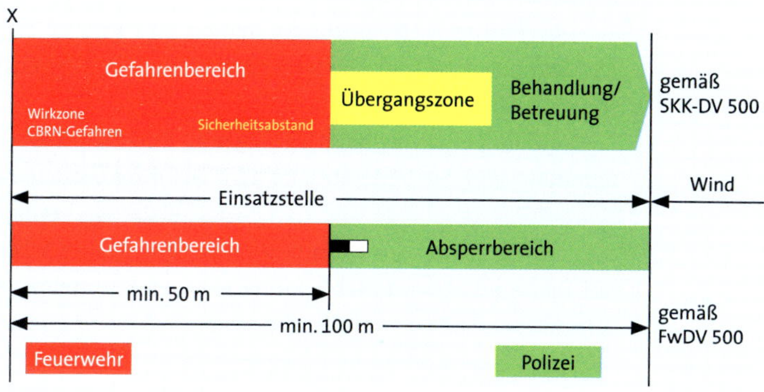

Abb. 3 ▶ Raumzonen der CBRN-Einsatzstelle gemäß SKK-DV 500 und FwDV 500

dass eine Stoffausbreitung im dreidimensionalen Raum vorliegt. Auch umfasst die Gefahrenzone den Bereich, in dem die Gefahren, die von den Stoffen ausgehen, nicht mit Sicherheit ausgeschlossen werden können, als Sicherheitsabstand. Der Gefahrenbereich darf nur mit besonderer persönlicher Schutzausrüstung (gemäß FwDV 500) betreten werden. Wenn die Gefahrenzone nicht messtechnisch festgelegt werden kann, so ist sie mit geltenden Abstandsregeln (mindestens 50 Meter) einzurichten. Der Gefahrenbereich wird im Regelfall von der Feuerwehr festgelegt, gekennzeichnet und gesichert. Im Gefahrenbereich ist das Essen, Trinken und Rauchen verboten.

Der Absperrbereich ist nach FwDV 500 der unmittelbar an den Gefahrenbereich angrenzende Teil der Einsatzstelle. Damit ist er der ungefährdete, kontaminationsfreie Bereich der Einsatzstelle und Entwicklungsfläche der Gefahrenabwehr, also Bewegungs- und Bereitstellungsfläche für Einsatzkräfte. Der Übergang aus dem Gefahrenbereich in den Absperrbereich erfolgt ausschließlich über den Dekon-Platz, um Verschleppung von Kontamination zu vermeiden. Der Dekon-Platz ist nach FwDV 500 der festgelegte Ort zur Durchführung der Dekontamination und wird in einen »Schwarzbereich« (unreine Seite) und einen »Weißbereich« (reine Seite) unterteilt.

Die Übergangszone beinhaltet gemäß SKK-DV 500 einen Sammelpunkt für Verletzte aus dem Gefahrenbereich, die Kontaminiertenablage und den Dekon-Platz. Sie befindet sich außerhalb des Gefahrenbereichs und darf zum Schutz vor Kontaminationsverschleppung von den Einsatzkräften nur mit persönlicher Sonderausrüstung/Schutzausstattung (PSA) betreten werden.

1.4 Besonderheiten der medizinischen Versorgungskette bei (CBRN-)MANV

Die Unterschiede der medizinischen Versorgungsketten von MANV und CBRN-MANV lassen sich anhand der ABBILDUNGEN 4 UND 5 erklären. Hierzu werden in Anlehnung an die »Richtlinie für Rettungs-, Sanitäts- und Betreuungsaufgaben im CBRN-Einsatz« aus der SKK-DV 500 Versorgungsinhalte der jeweiligen Raumordnung zugeordnet.

Der ABBILDUNG 3 ist die sehr früh – noch vor einem Behandlungsplatz – angelegte Aufgabenstellung zu entnehmen, schon an Patientenablagen eine medizinische Vorsich-

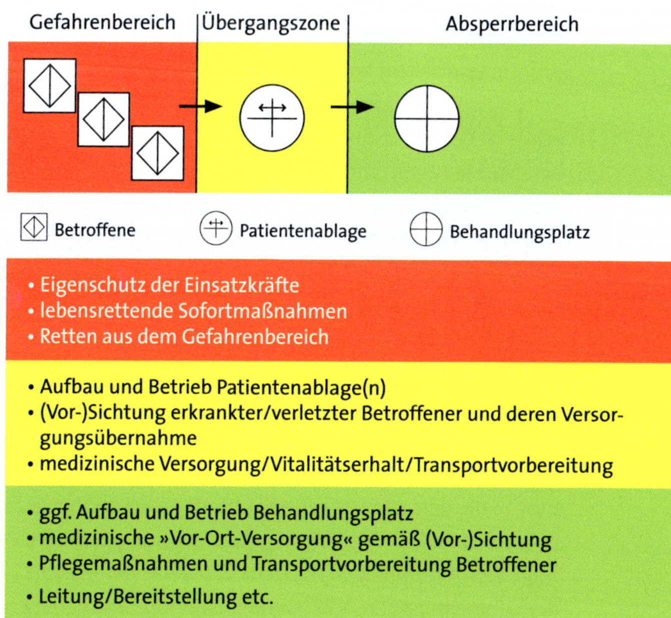

ABB. 4 ▶ Raumzonen-Versorgungsinhalt MANV

tung oder ärztliche Sichtung durchzuführen. Ziel ist, möglichst schnell vital bedrohte Betroffene zu identifizieren, ohne aber andere Betroffene zu vernachlässigen. Für vital Bedrohte muss schnellstmöglich eine ärztliche Versorgung und der Transport mit Rettungsmitteln in ein Krankenhaus organisiert werden. Je länger diese Betroffenengruppe vor Ort behandelt wird, desto geringer ist ihre Überlebenswahrscheinlichkeit. Ein Beispiel sind vital Bedrohte mit lebensbedrohenden Blutungen in Körperhöhlen hinein. Hier ist »damage control surgery« als notfalloperative chirurgische Behandlung die einzige Chance für diese Patienten; aber auch andere vital bedrohte Betroffene sind schnellstmöglich intensivmedizinisch zu versorgen.

Bereits heute werden in vielen Städten rettungsdienstliche Einsatzkonzepte möglichst ohne BHP am Einsatzort umgesetzt. In ländlichen Kommunen mit geringerer Rettungsmitteldichte, langen Fahrtwegen für unterstützende SEG'en und heranzuführende Rettungsmittel sowie bei MANV-Lagen mit mehr als 50 Betroffenen werden Behandlungsplätze sicher noch lange eine »Vor-Ort-Versorgung« sicherstellen müssen. Ausschlaggebend für das zuvor beschriebene Management, möglichst ohne BHP vital bedrohte Betroffene direkt in Krankenhäuser zu transportieren, sind die präklinischen Kapazitäten, die klinischen Versorgungskapazitäten, das gemeinsam erarbeitete MANV-Konzept einer Kommune und die Fähigkeiten zur gemeinsamen Kommunikation und Koordination von MANV-Lagen.

Betrachten wir in der vereinfacht dargestellten ABBILDUNG 5 die Versorgungskette bei einem CBRN-MANV, so fällt eine medizinische Versorgungsbarriere auf. Die Abbildung zeigt den »schmutzigen Bereich« des Gefahrenbereichs und der Übergangszone mit Gefahr der Kontaminationsverschleppung. Erst nach einer Dekontamination der Verletzten (Begriff nach FwDV 500) und aller Geräte und Materialen aus dem »schmutzigen Bereich« – sofern diese betroffenenbezogen weiterverwendet werden müssen – ist diese Gefahr für die gegebenenfalls dringliche reguläre medizinische Versorgung Betroffener überwunden. Bis dahin müssen Einsatzkräfte mit besonderer PSA und unter besonderen Sicherheitsmaßnahmen im Kontaminationsbereich zur Versorgung kontaminierter Betroffener eingesetzt werden.

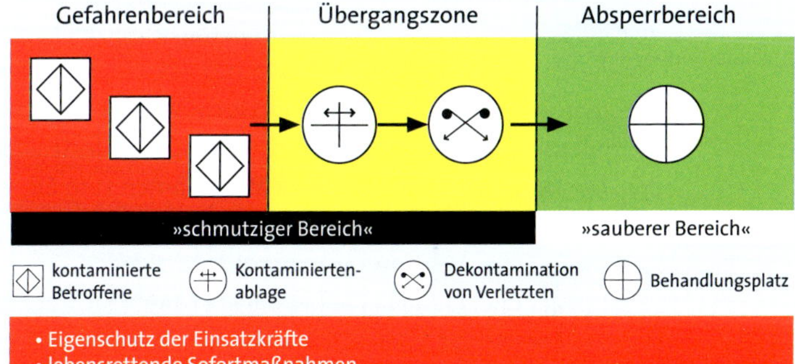

- Eigenschutz der Einsatzkräfte
- lebensrettende Sofortmaßnahmen
- Retten aus dem Gefahrenbereich

- Aufbau und Betrieb des Dekon-Platzes für Verletzte (Dekon-V):
  - Kontaminiertenablage
  - Dekontaminationsstrecke für gehende Verletzte
  - Dekontaminationsstrecke für liegende Verletzte
- Übernahme kontaminierter Verletzter
- Entkleiden der Verletzten, LSM, SPOT-Dekon
- Dekon-Sichtung (Vorsichtung zur Festlegung der Dekon-V-Reihenfolge)
- eingeschränkte medizinische Versorgung/Pflege bis zur Dekon-V
- Dekon-V
- Übergabe in den »sauberen Bereich«

- ggf. Aufbau und Betrieb Patientenablage(n) oder Behandlungsplatz
- Übernahme der dekontaminierten verletzten oder erkrankten Betroffenen
- (Vor-)Sichtung erkrankter/verletzter Betroffener und deren Versorgungsübernahme
- medizinische Versorgung/Vitalitätserhalt/Transportvorbereitung
- Pflegemaßnahmen und Transportvorbereitung für Betroffene
- Leitung/Bereitstellung etc.

Abb. 5 ▶ Raumzonen-Versorgungsinhalt CBRN-MANV

Für das Einsatzmanagement bei einer CBRN-Lage bedeutet dies den Aufbau eines Dekontaminationsplatzes mit Dekontaminationsstrecken für Verletzte in der Übergangszone. Davor – also in Richtung, aber nicht innerhalb des Gefahrenbereiches – braucht es eine Struktur, vergleichbar zur Patientenablage, jedoch gefährdungsbedingt mit veränderter inhaltlicher Aufgabenstellung. Daher wird der Begriff der »Kontaminiertenablage« empfohlen. Auf Strukturen für Einsatzkräfte am Dekontaminationsplatz wird in diesem Buch nicht eingegangen. Bei Betrachtung der Raumzonen-Versorgunginhalte in ABBILDUNG 5 (S. 21) ist für den Gefahrenbereich im Vergleich zu ABBILDUNG 4 (S. 19) keine Veränderung der medizinischen Versorgung festzustellen. Die lagebedingt begründeten Maßnahmen zum Eigenschutz der Einsatzkräfte variieren selbstverständlich.

Wesentliche Versorgungsunterschiede werden in der Übergangszone deutlich. Während beim MANV an der Patientenablage noch die (Vor-)Sichtung erkrankter und verletzter Betroffener und deren Versorgungsübernahme sowie die medizinische Versorgung und Transportvorbereitung ins Krankenhaus möglich waren, können diese Maßnahmen – außer der Vitalitätserhaltung – nun erst im Absperrbereich durchgeführt werden. Dafür sind an der Kontaminiertenablage ganz neue, zusätzliche Aufgaben entstanden, die in KAPITEL 3 dieses Buches intensiv beschrieben werden.

Die **Kontaminiertenablage** ist die Stelle an der Grenze des Gefahrenbereichs eines CBRN-Einsatzes, an der kontaminierte Verletzte und Betroffene gesammelt und unter den besonderen Bedingungen des Schutzes der Einsatzkräfte und des Schutzes vor Kontaminationsverschleppung – soweit möglich – erstversorgt werden, um sie auf die Dekontamination vorzubereiten und diese Erstversorgung bis zur erfolgten Dekontamination zu sichern.

1.5 Elemente der medizinischen Lagebewertung und Einsatzplanung

Gemäß der DV 100 »Führung und Leitung im Einsatz« ist die Lagefeststellung (Erkundung) Voraussetzung für die Einsatzplanung.

Die Erkundung beinhaltet sowohl Informationen zur Gefahren- und Schadenslage als auch zur Gefahrenabwehr, also deren momentanen Handlungsmöglichkeiten, den Erfordernissen der Lage zu begegnen. Schon die Erkundungsarbeit der zuerst am Ereignisort eintreffenden Einsatzkräfte von Rettungsdienst, Feuerwehr oder Polizei hat zu beantworten, welche qualitativen und quantitativen Gefahren tatsächlich vorliegen oder nicht sicher aus-

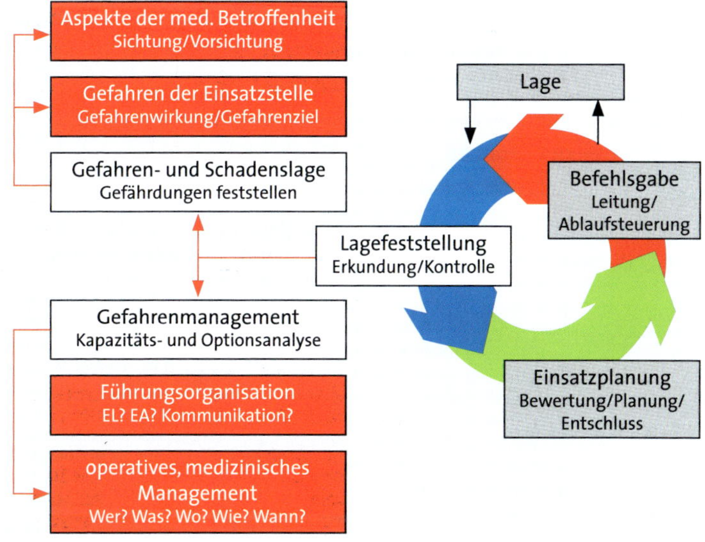

Abb. 6 ▶ Elemente der medizinischen Lagefeststellung

zuschließen sind. In ABBILDUNG 7 ist eine Gefahrenmatrix dargestellt, die die neun Gefahrengruppen und die Besonderheit »Menschenleben in Gefahr« aufzeigt. Die Gefahrengruppe »CBRN-Wirkmechanismen« fasst dabei die Wirkung von freigesetzten CBRN-Agenzien zusammen. Das ermöglicht es, aus bekannten und etablierten »4A-1C-4E-Gefahrenschemata« die »atomaren Gefahren« abzukoppeln und durch den Begriff »Anschlag« zu ersetzen.

Schon in der zweiten Auflage dieses SEGmente-Bandes wurde diese Gefahrenmatrix aufgezeigt. Der leider heute noch aktueller gewordene Hintergrund dafür ist, dass Anschläge jeglicher Art und Umsetzungsform sowohl MANV als auch CBRN-MANV zur Folge haben können und befürchtete »Zweitschläge« zusätzlich auch Einsatzkräfte bedrohen. Auch bedingt ein Anschlag häufig besonders vital bedrohende Verletzungsmuster, zum Beispiel durch lebensbedrohende Blutungen. Die größte Herausforderung solcher Lagen besteht darin, dass der Gefahrenbereich zunächst durch die Polizei abgesichert werden muss, bevor dort lebensrettende Sofortmaßnahmen durchgeführt werden können. Ist der Einsatzanlass »Menschenleben in Gefahr«, so kann die Feuerwehr gemäß der UVV »Feuerwehren« (alt GUV-V C53) unter besonderen Voraussetzungen von den Vorgaben der Arbeitssicherheit abweichen und

ABB. 7 ▶ Durchführung einer Gefährdungsbeurteilung anhand einer Gefahrenmatrix

die Menschenrettung aus dem Gefahrenbereich schnellstmöglich umsetzen.

Eine Erkundung von CBRN-Gefahren und deren Wirkmechanismen im Rahmen des Ersteinsatzes lassen häufig einen qualitativen und quantitativen Stoffnachweis offen. Auch belastbare Angaben über Ausbreitungsform und -geschwindigkeit sind eher nicht möglich und müssen durch Spezialkräfte, zum Beispiel ABC-Züge der Feuerwehr, ABC-Fachberater oder Analytische Task Force (ATF), in Deutschland ermittelt werden. Häufig sind aber Erstinformationen vor Ort erkennbar, die auf das Vorliegen von CBRN-Gefahren hinweisen, also zum Beispiel Warntafeln, Gefahrenzettel, Betriebsanweisungen oder Transportpapiere. Das Vorgehen im Ersteinsatz ist durch die GAMS-Regel gekennzeichnet. Sie wird in Kapitel 2 beschrieben.

Durch eine entsprechende Gefährdungsbeurteilung muss im Rahmen der Lagebewertung beurteilt werden, welche Sicherheitsmaßnahmen für Einsatzkräfte im Gefahrenbereich, in der Übergangszone und im Absperrbereich umgesetzt werden müssen, damit sie ihre Aufgaben erfüllen können. Auch die Festlegung der persönlichen Schutz- und Sonderausrüstung im CBRN-MANV gehört dazu.

Weitere Erkundungspunkte als Beurteilungsvoraussetzung sind die bereits erwähnten Aspekte der medizinischen Betroffenheit erkrankter oder verletzter Betroffener. Bei einem MANV oder CBRN-MANV sind etablierte Verfahren der Vorsichtung durch nicht-ärztliche Einsatzkräfte und die Durchführung einer medizinischen Sichtung durch Ärzte gemäß dem aktuellen Verfahren der Sichtungs-Konsensus-Folgekonferenz Mittel der Wahl. Dabei sind die folgenden zwei Punkte zu beachten:

Die medizinische Sichtung, eine Todesfeststellung oder auch die Festlegung der Konsequenz »palliative Versorgung« als Sichtungsergebnis ist rechtlich in Deutschland ausschließlich approbierten Ärzten vorbehalten. Die Vorsichtung ist gemäß Bundesärztekammer die schnellstmögliche Identifizierung der vital bedrohten Patienten, die lagebedingt als Erste eindeutig gekennzeichnet werden. Es handelt sich dabei um eine vorläufige Zustandsbeurteilung, die von Ärzten und Nicht-Ärzten durchgeführt wird und der eine ärztliche Sichtung folgt.

Werden bei der (Vor-)Sichtung vital bedrohende Störungen bei Betroffenen festgestellt, sind lebensrettende Sofortmaßnahmen selbstverständlich sofort durchzuführen, bevor die Einsatzkräfte ihre (Vor-)Sichtung bei anderen Betroffenen fortsetzen. Die weiterführende medizinische Versorgung wird dann lagebedingt von anderen Einsatzkräften gegebenenfalls in der Übergangszone und beim CBRN-MANV gegebenenfalls nach Dekon-V durchgeführt. Es wird bei der (Vor-)Sichtung auf der Basis der Zuordnung Betroffener zu Sichtungskategorien entsprechend Sichtungskonsens ermittelt, welcher medizinische Versorgungsbedarf und welche Transportpriorität für wie viele Betroffene besteht.

Tab. 1 ▶ Zuordnung von Versorgungskonsequenzen zu Sichtungskategorien in Anlehnung an die Ergebnisse der Sichtungs-Konsensus-Folgekonferenz 2013 und PRIOR®

Sichtungskategorie	Versorgungskonsequenzen
Sichtungskategorie I **vital bedroht**	• höchste ärztliche Behandlungspriorität • höchste Transportpriorität ins Krankenhaus • Transportmittel: RTH, NAW, RTW, KTW-B
Sichtungskategorie II **schwer verletzt/erkrankt**	• hohe ärztliche Behandlungspriorität • hohe Transportpriorität ins Krankenhaus • Transportmittel: RTW, GRTW, KTW-B, KTW-A
Sichtungskategorie III **leicht verletzt/erkrankt**	• geringe ärztliche Behandlungspriorität • hohe PSNV- und Betreuungspriorität • keine Transportpriorität • Transportmittel: nicht qualifiziert
Sichtungskategorie IV **ohne Überlebenschance**	• palliative Versorgung

2 Einsatz nach Freisetzung von CBRN-Agenzien

2.1 Gefahren durch freigesetzte CBRN-Agenzien

Bei Schadensereignissen mit Beteiligung von GSG oder vorliegender chemischer, biologischer oder radiologischer Gefährdung im Bereich von punktuellen Unfällen, örtlich begrenzten oder überörtlichen sowie überregionalen Großschadenslagen sind das Vorgehen und der Ablauf in der Einsatzorganisation vom Grundsatz her immer identisch. Die wesentlichen Maßnahmen sind hier:

- Vorgehen nach der GAMS-Regel im Ersteinsatz:
  - Gefahr erkennen
  - Absperren
  - Menschenrettung durchführen
  - Spezialkräfte alarmieren
- Minimierung der Gefährdung für Einsatzkräfte
- schnelle und umfassende Lagefeststellung durch ersteintreffende Einsatzkräfte
- schnelle gemeinsame, fachübergreifende Lagebewertung
- schneller Aufbau eines alle Beteiligten integrierenden Einsatzstellenmanagements
- funktionierende integrierende Krisenkommunikation entlang der medizinischen Versorgungskette bis in Kliniken und Ordnungsbehörden hinein.

In diesem Zusammenhang sind die Wirkmechanismen der beteiligten Agenzien wesentliche Anhaltspunkte, um das von ihnen ausgehende Gefahrenpotenzial festzustellen. Hier sind als Wirkmechanismen die Eigenschaften von Agenzien genannt, die Verletzungen oder Erkrankungen des menschlichen Körpers herbeiführen können. Diejenigen mit ausschließlicher Wirkung auf die Gesundheit des Menschen sind Giftigkeit, Infektionsgefahr, Erbgutschädigung, Sensibilisierung, karzinogene Wirkung und Fruchtschädigung. Die Wirkmechanismen, die nicht ausschließlich auf den menschlichen Körper oder nur indirekt durch die Schädigung körperfremder Strukturen wirken, sind Ätzwirkung, Radioaktivität, thermischen und auch mechanischen Abläufen zuzuordnen. Selbstverständlich wirken CBRN-Wirkmechanismen nicht nur auf Menschen und Tiere, sondern auf alle Schutzziele der Gefahrenabwehr, so zum Beispiel auf die Umwelt, auf Sachwerte und Prozesse im Sinne von Handlungsabläufen, die gestört oder unterbrochen werden.

Neben den Wirkmechanismen sind vor allem die Formen der Beteiligung von Gefahrstoffen an der Gefahrenlage von wesentlicher Bedeutung. Bei Einsatzstellen mit Gefahrstoffen, die aber nicht frei werden und auch nicht durch Feuer bedroht werden, sind vor allem präventive Maßnahmen zur Absicherung der Einsatzstelle angezeigt. Schon bei Brandeinwirkung auf die Gefahrstoffe ist mit dem Eintreten ihrer Wirkmechanismen zu rechnen.

Die erforderliche Brandbekämpfung und Einsatzsicherungen können die sofortige Rettung verletzter Personen aus dem Gefahrenbereich erfordern (»Crash-Rettung« genannt). In den Fällen, in denen aufgrund der Brandausbreitung oder der allgemeinen Gefahrenlage der Rettungsdiensteinsatz möglich ist, werden verletzte Personen von der Feuerwehr gerettet und in der Übergangszone außerhalb des Gefahrenbereichs dem Rettungsdienst übergeben.

Werden an der Einsatzstelle CBRN-Agenzien freigesetzt, sind die hiervon ausgehenden Gefährdungen nicht nur von den Wirkmechanismen, sondern wesentlich von der Ausbreitungsform, -richtung und -geschwindigkeit abhängig. Für die technische Gefahrenabwehr gilt vordringlich, mithilfe von Messtechnik einen Gefahrenbereich zu ermitteln, in dem nur mit besonderen Einsatz-Sicherungsmaßnahmen und mit einer angemessenen persönlichen Schutzausrüstung agiert werden kann. Dies schließt den Rettungsdiensteinsatz im Gefahrenbereich aus.

Werden an der Einsatzstelle Gefahrstoffe frei und besteht Brand- und Explosionsgefahr, so können auch die Einsatzkräfte der Feuerwehren nicht ohne Weiteres den Gefahrenbereich betreten. Gegebenenfalls müssen sie zunächst den Rückzug aus dem Gefahrenbereich antreten, um sich neu zu organisieren. Gerät der freigewordene Gefahrstoff in Brand, ist wegen der Brandausbreitung und der Verbreitung luftgetragener Schadstoffe mit einer groß dimensionierten Gefährdung von Personen in Ausbreitungsrichtung zu rechnen.

Abb. 8 ▶ Beispielsammlung von Wirkmechanismen bei Gefahrstoffen

2.2 Arbeitsschutz und Unfallverhütung für Einsatzkräfte

Wie in allen Einsatzgeschehen ist auch beim CBRN-Einsatz den Einsatzkräften größtmöglicher Schutz zu gewährleisten, also ein Gefahrenabwehrprozess sicherzustellen. Immer vorausgesetzt, dass die Einsatzleitung die Gefahren durch eine CBRN-Gefahrenlage erkannt und richtig beurteilt hat, sind angemessene Schutzmaßnahmen nötig. Gemäß Festlegung des Arbeitsschutzrechts und der Deutschen Gesetzlichen Unfallversicherung (DGUV) müssen Gefährdungen primär durch technische und organisatorische Maßnahmen abgewehrt werden. Wo dies nicht möglich ist, müssen zusätzlich persönliche Schutzausrüstungen bereitgestellt werden.

In einem CBRN-Einsatz bedingen sich diese Elemente des Arbeitsschutzsystems in der Art, dass ihr Zusammenwirken das höchste Maß an Sicherheit darstellt. Die zeitlich-räumliche Trennung von Einsatztätigkeiten und der tatsächlichen Gefährdung hat die höchste Wertigkeit. Die deutliche Darstellung von Gefahrenbereich und Übergangszone bewirkt, dass diese ausschließlich mit angemessener PSA betreten werden. Das macht eventuell erforderlich, Verletzte nach erfolgter Dekontamination im Absperrbereich zu behandeln und zu betreuen. Die Verwendung sicherer Technik ist in allen Bereichen der Gefahrenabwehr erforderlich. Aufgrund der bestehenden Gefahren, wie zum Beispiel Explosions- oder Brandgefahr oder die Wirkung freigesetzter Agenzien, sind im CBRN-Einsatz vor allem Materialanforderungen zu berücksichtigen.

Eine sichere Arbeitsorganisation ist in der Gefahrenabwehr immer von der Situation abhängig. Dies setzt ein hohes Maß an technischem und taktischem Geschick, Führungskompetenz und Verantwortungsbewusstsein der Führungskräfte voraus. Hohe Prozessqualität, optimaler Trainingszustand und Sicherheit in der Anwendung der Unfallverhütungsvorschriften (UVV) durch die Mannschaften müssen vor deren Implementierung in die Gefahrenabwehr sichergestellt werden. Hierzu zählt selbstverständlich auch die Bereitstellung und Nutzung allgemeiner persönlicher Schutzausrüstung.

Versuchen wir eine Gefährdungsanalyse auf der Basis des zuvor Gesagten durchzuführen, ergeben sich daraus folgende Ableitungen. Aufgrund der zuvor beschriebenen, von freigesetzten CBRN-Agenzien ausgehenden Gefahren an der Einsatzstelle, ihres Ausbreitungsverhaltens und aufgrund ihrer Eigenschaft, an Oberflächen anzuhaften und diese zu kontaminieren, können sich Gefährdungen durch die Wirkmechanismen ergeben. Dringen Kontaminanzien über Atemweg, Speiseweg, durch die Haut oder über Wunden in den Körper ein, erleidet die betroffene Person eine Inkorporation. Zusätzlich muss in allen Bereichen vor der Dekontamination mit einer Kontaminationsverschleppung der freigesetzten Agenzien gerechnet werden. Hieraus ergibt sich die Notwendigkeit für Einsatzkräfte, physischen

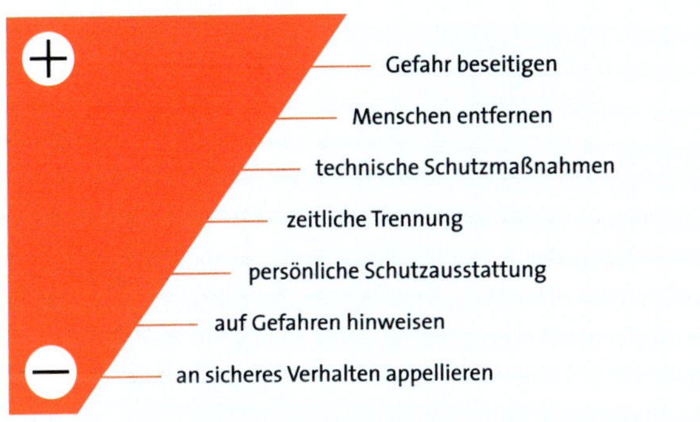

Abb. 9 ▶ Schutzwirkung von Arbeitsschutzmaßnahmen

Belastungen durch den Einsatz selbst und zusätzlich durch die Nutzung von besonderer persönlicher Schutzausrüstung standzuhalten. Aufgrund des Ereignisses selbst, der lagebedingten Abweichung von einem routinierten Ablauf der medizinischen Versorgung, des veränderten Kommunikationsverhaltens und nicht zuletzt aufgrund des zu erwartenden verunsicherten und fordernden Verhaltens der Betroffenen ist mit einer erheblichen psychischen Belastung zu rechnen. Die Schutzkonzeption für vorangehende Einsatzkräfte in den Gefahrenbereich oder in die Übergangszone solcher Einsatzstellen muss sich also wie folgt ausrichten:

- Schutz vor Wirkung der Wirkmechanismen
- Schutz vor Kontamination und Inkorporation
- Schutz vor Kontaminationsverschleppung
- Schutz vor physischer Belastung
- Schutz vor psychischer Belastung.

2.3 PSA für Einsatzkräfte mit Rettungs-, Sanitäts- und Betreuungsaufgaben

2.3.1 Grundsätzliche persönliche Schutzausrüstung (PSA)

Werden Einsatzkräfte zur operativen Gefahrenabwehr eingesetzt, ist aufgrund der durchzuführenden Gefährdungsbewertung nach Arbeitsschutzrecht und DGUV-Vorgaben die Anpassung der persönlichen Schutzausrüstung an die herrschenden oder nicht auszuschließende Gefahren erforderlich. Je umfangreicher die Schutzausrüstung, desto größer sind auch die Anforderungen an die gesundheitliche Eignung des Einsatzpersonals und an seine fachspezifische

Ausbildung im Umgang mit der PSA und dem taktisch-organisatorischen Vorgehen in der Gefahrensituation.

Um im Absperrbereich der CBRN-Einsatzstelle Verletzte und Betroffene medizinisch behandeln und betreuen zu können, ist die PSA der Einsatzkräfte des Rettungs-, Sanitäts-

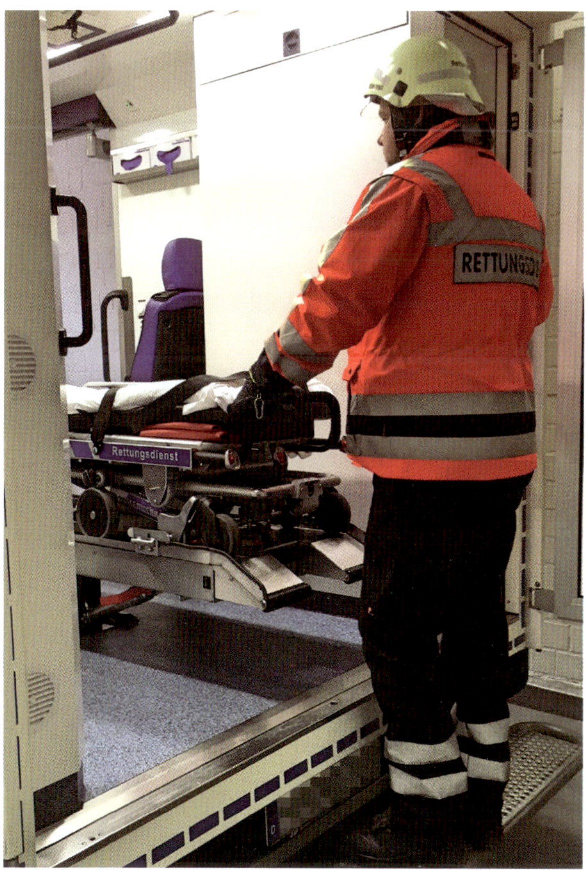

Abb. 10 ▶ Beispiel des PSA-Grundschutzes im Rettungsdienst

und Betreuungsdienstes entsprechend den normativen und berufsgenossenschaftlichen Vorgaben als Mindestanforderung auszuführen, weil hier ein Grundschutz gegen die allgemein einsatzüblichen Gefahren besteht.

Dieser Grundschutz ist in diesem Sinne erreicht, wenn ein Schutzanzug, ein Feuerwehrhelm mit Nackenschutz, Feuerwehr-Schutzhandschuhe, Feuerwehr-Sicherheitsschuhwerk gemäß nationaler oder europäischer Normung zur Verfügung gestellt werden. Jede Einsatzkraft ist entsprechend der DGUV Vorschrift 1 »Grundsätze der Prävention« zum Tragen der PSA verpflichtet, sobald sie schon im Absperrbereich der Einsatzstelle tätig wird. Darüberhinausgehende Vorgaben durch fachspezifische UVV'en, nötige arbeitsmedizinische Vorsorgen, Merkblätter, Richtlinien, Normen und Gesetze sind einzuhalten. Der jeweils zuständige Unfallversicherungsträger gibt Auskunft über gültige Regelungen.

PSA – Grundschutz

- Feuerwehrhelm, DIN EN 443 (ggf. mit Visier und/oder Nackenschutz)
- RD-Einsatzkleidung, DIN EN 343, DIN EN 471 (min. Kl. 2)
- medizinische Schutzhandschuhe, DIN EN 455, Teil 1 (in Abbildung 10 unter dem Schutzhandschuh getragen)
- Feuerwehr-Schutzhandschuhe, DIN EN 659
- Sicherheitsschuhe, DIN EN 345, min. Kategorie S2 (z.B. Feuerwehr-Einsatzstiefel S9/S10).

2.3.2 Persönliche Sonderausrüstung

Persönliche Sonderausrüstung für den CBRN/ABC-Einsatz im Gefahrenbereich und in der Übergangszone besteht aufgrund der zu erwartenden Gefährdungen immer aus einem Atemschutzsystem und einem Körperschutzsystem. Wird der Einsatz im Gefahrenbereich einer CBRN-Lage erforderlich, so ist hier eine besondere Schutzausrüstung anzulegen. Zweck dieser Schutzausrüstung ist ein geeigneter Inkorporations- und Kontaminationsschutz. Das Maß des besonderen Körperschutzes wird von der Einsatzleitung entsprechend den in der FwDV 500 definierten Schutzkleidungsformen 1 bis 3 vorgegeben. Die Verwendung umluftabhängiger oder umluftunabhängiger Atemschutztechnik bedingt neben der gesundheitlichen Eignung des eingesetzten Helfers (arbeitsmedizinischer Grundsatz G26 ff.) seine fachliche Ausbildung und ein ständiges Training mit den Geräten und der ergänzenden technischen Ausrüstung gemäß geltenden Richtlinien und Herstellerangaben. Filtergeräte sind von der Umluft abhängig und filtern gemäß ihrer Rückhaltefähigkeit Partikel und/oder filterspezifische gesundheitsschädliche Stoffe aus der Umluft heraus.

Der Einsatz von umluftabhängigem Atemschutz setzt eine ausreichende Sauerstoffkonzentration in der Umluft voraus. Isoliergeräte sind von der Umluft unabhängig, denn sie nehmen die Atemluft entweder – wie beim Pressluftatmer – aus einem systemzugehörigen Atemluftreservoir oder bereiten geräteintern Ausatemluft zu Einatemluft wieder auf. Bei den Feuerwehren sind Pressluftatmer auf jedem Löschfahrzeug vorhanden. Die einsatzlimitierende Größe ist hier der mitgeführte Luftvorrat, der eine Tragezeit von ca. 20 bis 30 Minuten ermöglicht. Neben der nachgewiesenen körperlichen Eignung (G26-Untersuchung) und Ausbildung für den Träger sind Einsatzgrundsätze für den Atemschutzeinsatz zu berücksichtigen. Bei Filtergeräten wird das Feuerwehrfilter ABEK2-P3 verwendet, wenn keine stoffspezifischen Filter notwendig sind. Beim Einsatz von Isoliergeräten, wie zum Beispiel Pressluftatmern, ist zu beachten, dass eine Einsatzzeit von 30 Minuten nicht überschritten werden darf, wenngleich die Atemluftreserve einen längeren Einsatz zuließe. Zudem muss noch ausreichend Luftreserve vorhanden sein, damit Einsatzkräfte vor Ablegen des Atemschutzes dekontaminiert werden können.

Körperschutzsysteme schützen die Körperoberfläche vor Kontamination. Da der Körperschutz wahrscheinlich nach Aufgabenerledigung im Gefahrenbereich oder der Über-

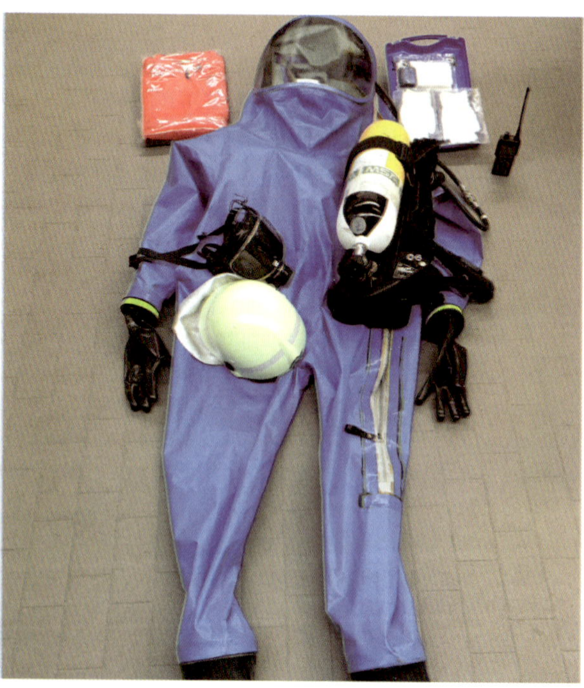

Abb. 11 ▶ Beispiel für CSA-Ausrüstung

PSA – Vollschutz

- Chemikalien-Schutzanzug (CSA) gem. VFDB-Richtlinie 0801
- Feuerwehrhelm (unter dem Anzug zu tragen)
- Unterkleidung (Kombinoto)
- umluftunabhängiges Atemschutzgerät (Pressluftatmer)
- Atemschutzmaske (Vollmaske)

gangszone im Rahmen der Dekon-P abgelegt werden muss, ist auf der weißen Seite des Dekon-Platzes die Bereitstellung von Reservebekleidung, zum Beispiel der vorher abgelegten Dienstbekleidung, erforderlich.

Persönliche Sonderausrüstung: Vollschutz

Der größtmögliche Kontaminationsschutz (Form 3) wird durch das Anlegen von Chemikalien-Schutzanzügen als Vollschutz gemäß VFDB-Richtlinie möglich. Diese Anzugsysteme sind partikel-, flüssigkeits- und gasdicht. Auch hierfür ist eine spezifische Ausbildung erforderlich. Derzeit ist davon auszugehen, dass die Rettungs-, Sanitäts- und Betreuungsdienste diese PSA-Systeme nicht benötigen, da sie nicht im Gefahrenbereich tätig werden.

Einen in der Schutzwirkung geringwertigeren Schutz stellen Körperschutzsysteme der Form 2 oder Form 1 dar. Diese haben dafür oft einen besseren Tragekomfort und sind weniger belastend für die Einsatzkraft.

Persönliche Sonderausrüstung: Infektionsschutz-Set

Hochwertiger als der Grundschutz, dem Vollschutz in Form eines CSA jedoch nicht gleichwertig, ist die Kontaminations-Schutzkleidung. Eine besondere Form der Kontaminations-Schutzkleidung ist das Infektionsschutz-Set, wie es von der Deutschen Gesellschaft für KatastrophenMedizin e.V. (DGKM) und der Deutschen Gesellschaft für Krankenhaushygiene e.V. (DGKH) empfohlen wird. Es soll Einsatzkräfte des Rettungs- und Sanitätsdienstes an der CBRN-Einsatzstelle vor biologischen Gefahren in Form einer Infektion mit multiresistenten Keimen schützen. Diese Ausstattung sollte sowohl für den Rettungsdienst auf den Einsatzfahrzeugen als auch für alle anderen Einsatzkräfte bereitstehen, um in der Kontaminiertenablage oder bei der Dekon-V die medizinische Versorgung sicherzustellen.

Das Infektionsschutz-Set besteht aus einem flüssigkeitsabweisenden und von innen nach außen Wasserdampf durchlassenden, atmungsaktiven Schutzanzug, der über einen Penetrationsschutz gegen virulente Substanzen verfügt. Hier wird ein Overall bevorzugt, der einen Kopf- und Fußschutz umfasst. Als Atem- und Mundschutz ist eine

Tab. 2 ▶ Anforderungen an ein Infektionsschutz-Set

Artikel	Beschreibung	Anzahl
Schutzanzug	Einmal-Overall mit eingearbeiteter Kopfhaube (ggf. mit Füßlingen), Penetrationsschutz gegen virulente Substanzen, flüssigkeitsabweisend, atmungsaktiv, durchlässig für Wasserdampf	1 Stück
Atemschutz (Mund-Nase)	partikelfiltrierende Halbmaske, Schutzklasse gemäß EN 149: FFP 3S/L/V	1 Stück
Kopfhaube	Eigenschaften wie Schutzanzug (entfällt bei Overall mit integrierter Kopfhaube)	1 Stück
Einmal-Schutzbrille	mit indirekter Belüftung	1 Stück
Schutzhandschuhe	Vinyl, Dichtigkeit gemäß DIN EN 455-1, extralang (Stulpe)	2 Paar
Überziehschuhe	zum Tragen über dem Schutzschuh, wenn der Overall keine integrierten Füßlinge hat	1 Paar
Entsorgungsbeutel	Beschriftung »Abfallgruppe C«	1 Stück
Verpackung	Folienschutzbeutel mit Wiederverschluss	1 Stück

Abb. 12 ▶ Beispiel für Infektionsschutz-Set

Halbmaske mit Partikelfilter (mindestens Schutzstufe FFP2 gemäß EN 149) zu tragen, die Schutzhandschuhe müssen den Anforderungen an Dichtigkeit gemäß DIN EN 455-1 entsprechen. Eine Kopfhaube, eine Einmal-Schutzbrille und Überziehschuhe, ein Entsorgungsbeutel mit Beschriftung »Abfallgruppe C« sowie ein wiederverschließbarer Verpackungsbeutel komplettieren das Infektionsschutz-Set.

Persönliche Sonderausrüstung: ABC-Schutzausrüstung des Bundes

Der Bund hat in den vergangenen Jahren seine ABC-Schutzausrüstung neu konfektioniert und zusammengestellt. Somit hat er seine Einsatzkräfte in den Einheiten des Bevölkerungsschutzes erneut mit einer ABC-Schutzausrüstung ausgestattet und diese den Ländern übergeben. Nachweise und Beschreibungen dieser Ausstattung sind beim BBK

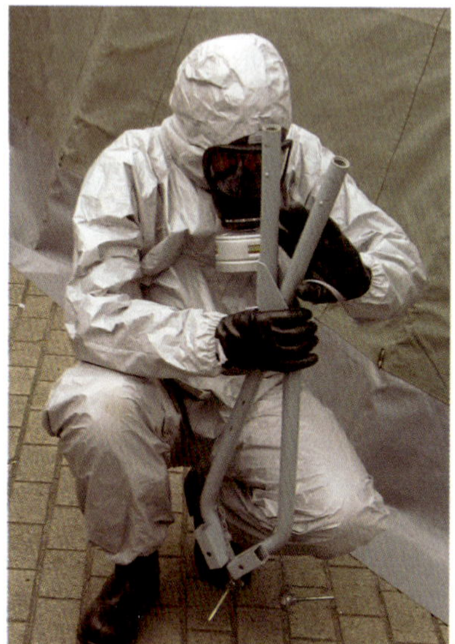

ABB. 13/14 ▶ Einsatzkräfte in ABC-Schutzausrüstung des Bundes

abrufbar. In den meisten Bundesländern stehen allerdings vergleichbare Ausstattungen für den Rettungsdient sowie für Sanitäts- und/oder Betreuungseinheiten des Katastrophenschutzes nicht zur Verfügung.

Persönliche Sonderausrüstung: Filter-Gebläse-Schutzanzug-Systeme

Mit Filter-Gebläse-Schutzanzug-Systemen werden Schutzkleidung und Atemschutz zusammengeführt. Vorteil dieser Systeme gegenüber anderen getrennten Systemen mit umluftabhängigem Atemschutz und Körperschutz ist, dass über übliche Atemfilter durch ein akkubetriebenes Gebläse und durch im Anzug verlegte Luftleitungen aufbereitete Atemluft in den Anzug hineingeblasen und in

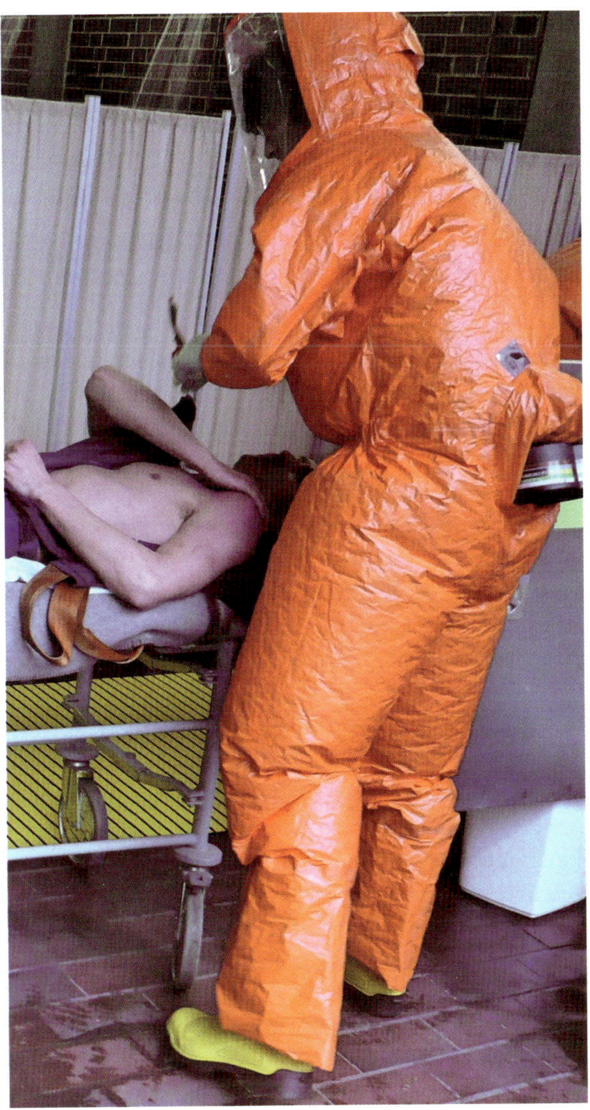

Abb. 15 ▶ Filter-Gebläse-Schutzanzug-System

den Gesichtsbereich geleitet wird. Man kann zusätzlich im Anzug Kühlsysteme tragen, die die Nutzung der PSA für den Träger weniger belastend gestalten. Allein durch das Hineinblasen der Atemluft besteht innerhalb des Anzuges ein gewisser Überdruck. Das ergibt u.a., dass der Träger keinen belastenden Atemwiderstand erfährt, was zu Erleichterungen der arbeitsmedizinischen Bedingungen des Geräteträgers führt.

Für Einsatzkräfte mit Rettungs-, Sanitäts- und Betreuungsaufgaben in der Übergangszone von CBRN-Einsatzstellen ist eine PSA bestehend aus solchen Atemschutzsystemen und Körperschutzsystemen anzustreben, die eine zweckdienliche Tragezeit mit geringstmöglicher physischer Belastung gewährleisten und gleichsam einen gemäß dem Arbeitsschutzkonzept (Gefährdungsanalyse) entsprechenden Schutz bewirken. Derzeit bieten Atemschutz-Körperschutz-Systeme mit Gebläse-Filter-Einheiten einen angemessenen Atemschutz bei geringem Atemwiderstand. Zur Sicherstellung der Funktionsfähigkeit ist jedoch ein entsprechender Aufwand für die Pflege der Gebläse-Akkus zu treiben.

Aufgrund bestehender Arbeitsbelastungen der PSA-Träger empfiehlt sich die ergänzende Bereitstellung von Kühlwesten in der Körperschutzkleidung und die Möglichkeit, mit einem Trinkwasserrucksack die Flüssigkeitszufuhr für die Einsatzkraft sicherzustellen. Für den Fall eines Eigenunfalls mit Beschädigung der Schutzkleidung ist ein modernes CBRN-Selbsthilfe-Set, das in einem entsprechenden Forschungsprojekt entwickelt wurde, eine weitere sinnvolle Ergänzung der PSA. Eine PSA-Überwachung der in der Übergangszone eingesetzten Einsatzkräfte, vergleichbar mit der Atemschutzüberwachung der Feuerwehren, ist durchzuführen. Darüber hinaus ist der rechtskonforme Betrieb im Zusammenhang mit PSA und deren Nutzung einzuhalten.

3 Aufbau und Betrieb der Kontaminiertenablage im CBRN-Einsatz

3.1 Dimensionierung der Kontaminiertenablage

Mit der grundsätzlichen Forderung der FwDV 500 »Einheiten im ABC-Einsatz« nach dem Aufbau einer Not-Dekon-Stelle ist dort auch der Betrieb einer Kontaminiertenablage in allen Einsatzdimensionen möglich. Da die erforderlichen Funktionalitäten einer Kontaminiertenablage grundsätzlich gleich sind, ist die Ausgestaltung also im Wesentlichen von der zu erwartenden Verletztenanzahl abhängig. Folgende Faktoren bestimmen die Dimension der Kontaminiertenablage:

Im Hinblick auf die Bereitstellung von Einsatzkräften:

- Wie viele Trupps sind im Gefahrenbereich der Einsatzstelle tätig?
- Welchen Gefährdungen unterliegen die dortigen Einsatzmaßnahmen?

Im Hinblick auf den Versorgungsbedarf der kontaminierten Verletzten:

- Welche und wie viele ungeschützte Einsatzkräfte befinden sich im Ersteinsatz im Gefahrenbereich, denn sie gelten als verletzt?
- Wie viele kontaminierte Verletzte sind oder kommen aus dem CBRN-Gefahrenbereich?
- Wartezeit bis zur Dekontamination als Voraussetzung für die standardisierte präklinische medizinische Versorgung?

Grundsätzlich kann eine Not-Dekon-V-Stelle in kleinster Dimension beispielsweise mit einem RTW und einem Sonderrohr eines Löschfahrzeugs mit einfachsten Mitteln aufgebaut und betrieben werden, sofern diese Einsatzkräfte dafür befähigt sind und die für die Übergangszone erforderliche PSA vorhanden ist. In dem abgebildeten Beispiel wurden Bordmittel üblicher Einsatzfahrzeuge verwendet (s. Abb. 16

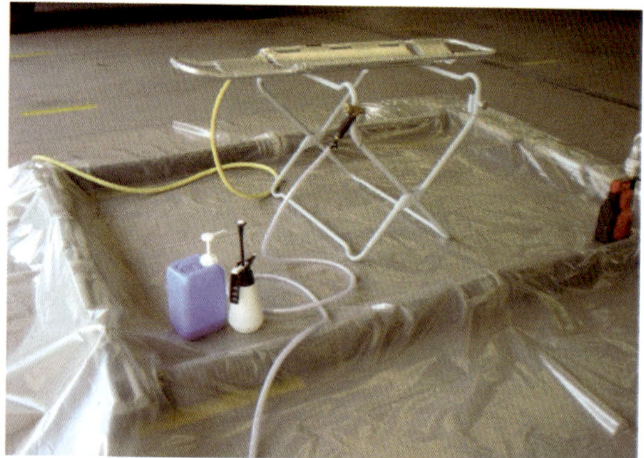

Abb. 16 ▶ Not-Dekon-V-Stelle in aufgebautem Zustand

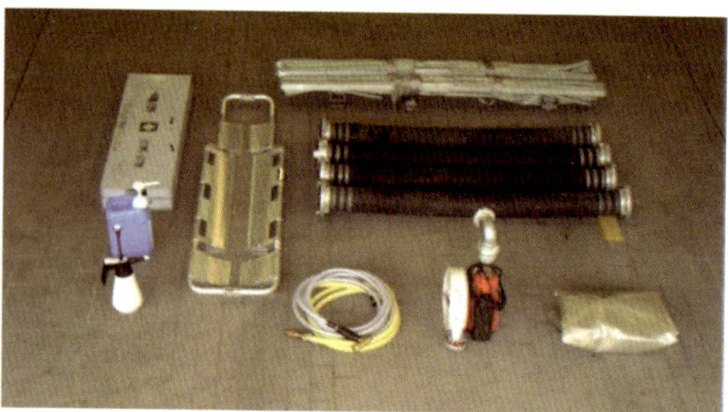

Abb. 17 ▶ Material für eine Not-Dekon-V-Stelle

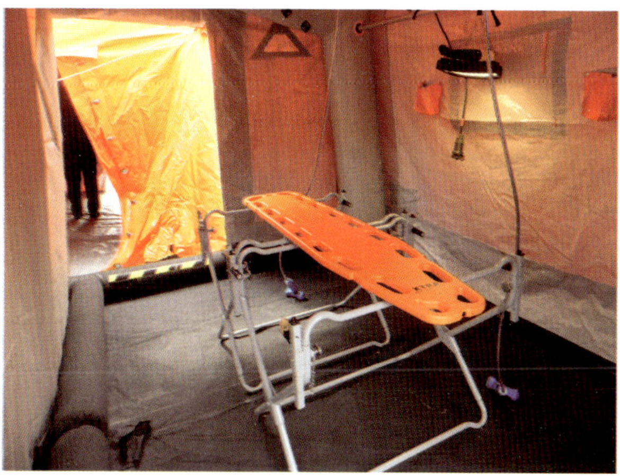

Abb. 18 ▶ Aufbaubeispiel einer Not-Dekon-V-Stelle in einem Dekon-P-Duschzelt

und 17). Mit zwei Tragen-Lagerungsgestellen liegen Spineboard oder Schaufeltrage darauf sicherer, zum Beispiel wenn Verletzte gedreht oder entkleidet werden müssen.

Sind allerdings so viele kontaminierte Verletzte zu beklagen, dass eine Vor-Ort-Versorgung beispielsweise mit einem Behandlungsplatz (BHP 50) erfolgt oder dass entsprechend viele kontaminierte Verletzte vor Krankenhäusern versorgt werden müssen, dann sind auch die Kontaminiertenablagen vor den jeweiligen Dekon-V-Strecken so auszulegen, dass die Verletzten während ihrer Wartezeit vorversorgt und so vorbereitet werden, dass ihr Durchlauf durch die Dekon-V ohne Zeitverzögerung durch zusätzliche Tätigkeiten erfolgen kann. Für die Nass-Dekon-V eines Verletzten können sechs Minuten reine Dekon-V-Zeit angenommen werden, die sich aus einer Minute Abbrausen, drei Minuten Waschen und zwei Minuten Nachwaschen ergibt. Eine Verlängerung dieser Zeit kann sich ergeben, wenn immobile Verletzte gedreht werden müssen.

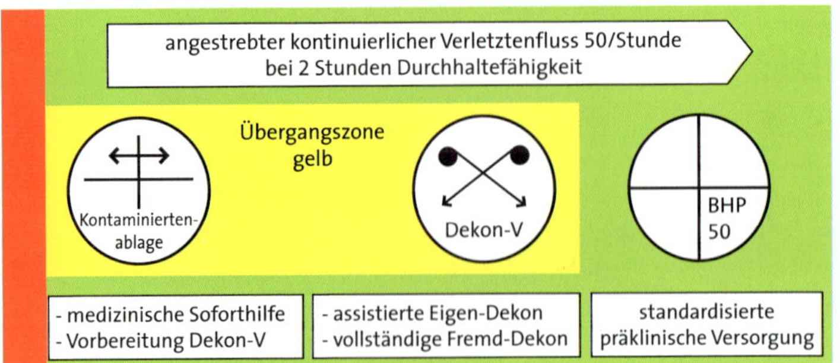

Abb. 19 ▶ Beispiel Versorgungskapazität beim MANV kontaminierter Verletzter

Die davor betriebene Kontaminiertenablage übernimmt mit ihren in Kapitel 3.2 beschriebenen Tätigkeiten alle Vorbereitungen für die Dekontamination der Veletzten, um in der Dekon-V-Strecke die Durchlaufrate liegender Verletzter zu optimieren. Wird ohne Kontaminiertenablage vor der/den Dekon-V-Strecke(n) gearbeitet, so wird sich der Verletztendurchlauf verzögern und damit die Eingangskapazität des Behandlungsplatzes reduzieren. Die Zielsetzung dabei ist es also, den Einsatzwert der Nachversorgung (z.B. BHP 50) zu erhalten.

3.2 Tätigkeiten auf der Kontaminiertenablage

Im nachfolgenden Kapitel werden Möglichkeiten zur medizinischen Versorgung von CBRN-kontaminierten Verletzten vor deren Dekontamination aufgezeigt. Dies soll unter Beachtung der Eckpunkte aus der SKK-DV 500 »Richtlinie für Rettungs-, Sanitäts- und Betreuungsaufgaben im CBRN-Einsatz« (2008), dem »Gutachten zu Stand und

Handlungsbedarf im medizinischen C-Schutz« einer Expertengruppe der mittlerweile eingestellten Schutzkommission beim Bundesministerium des Inneren (2009) sowie der in 2015 gemeinsam von BBK, DGKM und Experten der AG Dekon-V des Pilotstandortes MTF 40 entwickelten »Empfehlung zur Durchführung der medizinischen Priorisierung und Behandlungsabläufe in der szenarienorientierten Versorgungskette für CBRN-kontaminierte Verletzte« geschehen.

Die Reihenfolge der nachfolgend beschriebenen Maßnahmen orientiert sich am sinnvollen Versorgungsverlauf auf der Kontaminiertenablage. Dabei wurde ganz bewusst der Detaillierungsgrad grobmaschig genug gehalten, um Raum für regionale Versorgungs-, Ausstattungs- und Umsetzungskonzepte zu geben.

3.2.1 Einrichtung und Betrieb der Kontaminiertenablage

Ganz wesentlich ist an dieser Stelle festzustellen, dass sich im einsatzdynamischen Prozess bereits zu einem sehr frühen Zeitpunkt eine ungesteuerte Patientenablage am Rande des Gefahrenbereiches entwickeln kann, wenn die raumordnenden Einsatzmaßnahmen ihre Wirkung zeigen und erste, möglicherweise nicht angemessen geschützte Einsatzkräfte im Rahmen der Menschenrettung Verletzte hierherbringen und versorgen. Diese »wilde« Ablage muss dann zu einer Kontaminiertenablage weiterentwickelt werden, wobei auch die erstversorgenden, ungeschützten Einsatzkräfte als verletzt gelten. Unter diesen Umständen ist es gegebenenfalls erforderlich, zunächst Einsatzkräfte mit PSA für den Kontaminationsbereich auszurüsten, die dort Soforthilfe leisten, bis andere Kräfte die Kontaminierten-

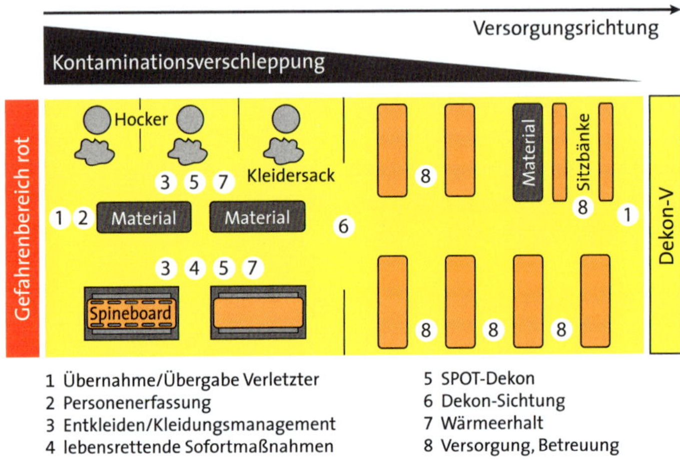

1 Übernahme/Übergabe Verletzter
2 Personenerfassung
3 Entkleiden/Kleidungsmanagement
4 lebensrettende Sofortmaßnahmen
5 SPOT-Dekon
6 Dekon-Sichtung
7 Wärmeerhalt
8 Versorgung, Betreuung

Abb. 20 ▶ Funktionelle Raumordnung in der Kontaminiertenablage

ablage in der Übergangszone einrichten. Diese Aufgabe kann solange ohne persönliche Sonderausstattung erfolgen, wie sichergestellt ist, dass keine Kontaminationsverschleppung hierher erfolgen kann.

Um die Kontaminiertenablage zweckmäßig zu gestalten, müssen die Tätigkeiten dieses Kapitels mit dem Ziel der Minimierung von Kontaminationsverschleppung priorisiert und in eine sinnvolle Reihenfolge gebracht werden.

Ausgehend vom sehr schmutzigen Aufnahmebereich muss die Gefahr der Kontaminationsverschleppung generell entlang der Versorgungsrichtung abnehmen, bis sie im Bereich der Betreuung so klein ist, dass sie nur noch durch die Dekon-V weiter minimiert werden kann. Dadurch ergibt sich die Zuordnung der VERKON-Tätigkeiten auf zwei Raumzonen der Kontaminiertenablage. In Abbildung 20 entsprechen diese Raumzonen je einem Sanitätszelt mit einer Grundfläche von 30 Quadratmetern (SG 30).

3.2.2 Übernahme und Personenerfassung kontaminierter Verletzter

Die Übernahme beschreibt den Vorgang der Aufnahme kontaminierter Verletzter in die Versorgung der Kontaminiertenablage. Die Verletzten werden entweder von Einsatzkräften aus dem Gefahrenbereich gehend oder liegend zum Eingangsbereich gebracht oder hierhergeschickt. Wenn liegende Verletzte gebracht werden, ist es wichtig, dass am Übergabepunkt Krankentragen bereitstehen, die gegebenenfalls den Einsatzkräften zur Rettung weiterer Verletzter mitgegeben werden können. Günstigenfalls findet eine Umlagerung Verletzter zum Beispiel auf ein Spineboard statt, auf dem sie bis zur Übergabe nach der Dekon-V in die medizinische Versorgung bleiben können.

Bei der Übernahme der Verletzten muss eine Personenerfassung erfolgen. Überall dort, wo etablierte MANV-Patientenregistrierungen nicht für die Erfassung kontaminierter Verletzter vorgesehen oder geeignet sind, kann eine erste vorläufige Erfassung mit sogenannten Partybändern erfolgen. Diese sollten einer fortlaufenden Nummerierung folgen, wasserfest und reißfest sein und können handelsüblich erworben werden. Dieses Verfahren wird hier favorisiert, weil einerseits die Nummerierung auf den verletztenbezogenen Aufbewahrungssäcken für kontaminierte Kleidungsgegenstände und Wertsachen, die in der Übergangszone verbleiben, fortgeführt wird. Andererseits wird so eine Kontaminationsverschleppung in den Absperrbereich über Registrierunterlagen minimiert, und durch Verbleib der Partybänder an den Verletzten ist eine Zuordnung von Gegenständen und Informationen auch nach MANV-Registrierung sichergestellt. Auf die Partybänder können mit wasserdichten Stiften Informationen geschrieben werden, zum Beispiel zur Dekon-Sichtung oder zur vor der

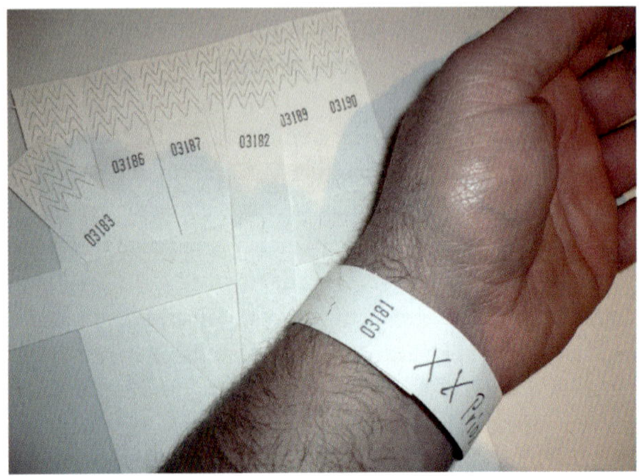

Abb. 21 ▶ Registrierung durch Partybänder

Dekon-V erfolgten medizinischen Versorgung. Diese Bänder werden den kontaminierten Verletzten in der Regel locker um ein Handgelenk gelegt und – auch mit Schutzhandschuhen einfach anwendbar – selbstklebend verschlossen. Erst bei der Übergabe an Personal im Absperrbereich wird dann zusätzlich die lokal übliche MANV-Registrierung durchgeführt, damit durch die Nummerierung der Partybänder sichergestellt ist, dass keine Informationen über die bisherige Versorgung verloren gehen und eine spätere Zuordnung von Wertsachen und kontaminierter Kleidung möglich ist.

3.2.3 Entkleiden der Verletzten, inkl. Kleidungsmanagement

Gehfähige kontaminierte Verletzte

Mobile Verletzte können sich im Regelfall eigenständig entkleiden, benötigen hierfür aber gegebenenfalls Unterstützung durch Einsatzkräfte. Damit dabei auch ein zumindest minimaler Sichtschutz gewährleistet werden kann, wird der hierfür vorgesehene Bereich des Zeltes »Behandlung 1« durch Trennwände in Kabinen geteilt. In diesen wird jeweils ein großer, durchsichtiger Foliensack bereitgelegt, in den die Verletzten zum Entkleiden einsteigen. Wenn die Oberbekleidung abgelegt ist, können sich die Kontaminierten für die folgende Versorgung auf den Kunststoffhocker setzen. Für die persönlichen Wertgegenstände ist ein kleinerer Folienbeutel vorzusehen. Auf Foliensack und Folienbeutel wird mit einem wasserfesten Folienstift die Nummer der Personenerfassung des Verletzten geschrieben. Mit Kabelbindern verschlossen werden sie außerhalb des Zeltes in Richtung des Gefahrenbereichs gesammelt. Um eine von den Kopfhaaren ausgehende Kontaminationsverschleppung zunächst zu begrenzen, können den Verletzten Einmal-Kopfhauben aufgesetzt werden.

Abb. 22 ▶ Entkleide- und Versorgungsplätze für gehfähige Verletzte

Liegepflichtige kontaminierte Verletzte

Immobile Verletzte werden von Krankentragen, auf denen sie zur Rettung aus dem Gefahrenbereich lagen, auf Spineboards umgelagert und im hierfür vorgesehenen Teil des Zeltes »Behandlung 1« auf zwei Arbeitsplätzen mit Krankentragen-Lagerungsgestellen versorgt. Im Sanitätsdienst übliche Lagerungsgestelle können um jeweils zwei einzöllige, verzinkte Stahlrohre ergänzt werden, die als Auflagetraverse für die Spineboards dienen. Diese im Sanitätsdienst üblichen Lagerungsgestelle sind um jeweils zwei 60 Zentimeter lange, einzöllige, verzinkte Stahlrohre ergänzt, die als Auflagetraverse für die Spineboards dienen. Ist die Verwendung der traversen nicht möglich, so werden pro Lagerungsplatz zwei Gestelle benötigt, damit das Spineboard sicher darauf liegt. Auch ist zu beachten, dass die Verletzten wegen des weiteren Versorgungsverlaufes nicht mit den entsprechenden Sicherungsgurten gesichert wer-

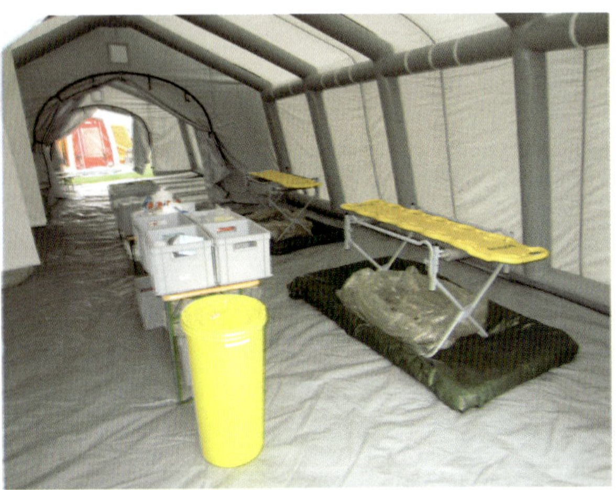

ABB. 23 ▶ Entkleide- und Versorgungsplätze für liegende Verletzte

den können, daher müssen die Boards hier seitlich getragen werden und auch die verletzten Personen von beiden Seiten versorgt werden, damit sie nicht herunterfallen können. Die Lagerungsgestelle selbst sollten in selbstaufrichtenden Wannen (ca. 1 m × 1,80 m) stehen. Alternativ können auch Regenfallrohre zugeschnitten und zur Wannenform zusammengesteckt werden. Anschließend werden dann handelsübliche Gitterplanen (z.B. aus dem Baumarkt) darübergelegt und so eingeschlagen, dass dabei eine Auffangwanne entsteht. Unter den Lagerungsgestellen werden dann wieder Foliensäcke geöffnet platziert, sodass abgelegte Kleidungsstücke – eine Kontaminationsverschleppung vermeidend – direkt dort eingeworfen werden können Zuvor wird die Kleidung mithilfe einer Schere im für den Rettungsdienst üblichen Verfahren aufgeschnitten.

3.2.4 Lebensrettende Sofortmaßnahmen

Die lebensrettenden Sofortmaßnahmen beschränken sich lagebedingt wahrscheinlich auf die üblichen Maßnahmen der Ersten Hilfe. Die tatsächliche medizinische Versorgung nach üblichen Standards für einen MANV kann erst nach Dekon-V erfolgen, zum Beispiel auf dem Behandlungsplatz. Eine dem Patientenzustand entsprechende Lagerung, eine Beutelbeatmung und auch die Stillung lebensbedrohender Blutungen nach außen sind aber sicher möglich. Invasive Maßnahmen wie die Sicherung der Atemwege mit Mund-Rachen-Tubus, eine Infusions- oder Schmerztherapie sowie auch eine weitergehende Wundversorgung sind hingegen erst nach erfolgter SPOT-Dekon durchzuführen. Beatmungen werden manuell mit Beatmungsbeutel und eine gerätetechnische Therapie im Regelfall erst nach der Dekon-V durchgeführt. Insoweit werden hier als medizinische Grundausstattung der Kontaminiertenablage übliche Notfallkoffer-/Rucksack-Systeme zur Basisversorgung vorgesehen. Darüber hinaus kann im Rahmen der lebensrettenden Sofortmaßnahmen die Gabe von Antidota erforderlich werden. Diese sind dann einsatzstellenspezifisch zuzuführen, wenn nicht eine spezielle medizinische Einheit, zum Beispiel eine später in diesem Buch beschriebene SEG-VERKON oder ein zukünftiges Modul Dekon-V der MTF des BBK, darüber verfügt oder aber der regionale Rettungsdienst Antidot-Sets vorhält.

3.2.5 SPOT-Dekon

In der SPOT-Dekon werden das Gesicht, Hautoberflächen möglicher Punktionsstellen sowie Wunden mit Wasser und gegebenenfalls mit flüssiger Arztseife dekontaminiert. Die so gereinigten Hautoberflächen werden mit saugfähigen Einmaltüchern trocken getupft, jedoch nicht trocken gerieben, um eine Folgeschädigung zu vermeiden. Bei biologischer Kontamination ist eine Hautdesinfektion mit entsprechendem Desinfektionsmittel angezeigt. Anschließend müssen gereinigte Hautstellen und Wunden mit Wundfolien, wie sie in OPs verwendet werden, abgeklebt werden, um einer Rekontamination vorzubeugen. Alternativ zu den Wundfolien kann über einen regulären Wundverband auch handelsübliche Frischhaltefolie gewickelt werden. Ist im Rahmen der SPOT-Dekon eine Handreinigung erfolgt, kann der Verletzte Rettungsdienst-Einmalhandschuhe tragen, um aktiv seine weitere Versorgung zu unterstützen. Es sollte Trinkwasser in 0,5-Liter-Flaschen für die Dekontamination dieser eher kleinen Oberflächen verwenden werden, damit keine weitere Wasserentsorgung auf der Kontaminiertenablage betrieben werden muss. Die so angemessen gering gehaltenen Mengen kontaminierten Wassers können während der SPOT-Dekon in die Foliensäcke mit kontaminierter Kleidung geleitet werden. Auch die für eventuelle Augenspülungen vorgesehene sterile NaCl-Lösung kann auf diese Weise entsorgt werden. Gebrauchte Tupftücher und Verpackungen von Einmal-Artikeln werden ebenfalls in diese Foliensäcke getan, bevor diese nach Ende der SPOT-Dekon mit Kabelbindern verschlossen werden und mit Folienstiften die Partyband-Nummer des Kontaminierten darauf geschrieben wird.

3.2.6 Dekon-Sichtung

Selbstverständlich sollen auch zur Dekon-Sichtung die üblichen Verfahren der (Vor-)Sichtung bei MANV und die daraus resultierenden Sichtungskategorien angewendet werden, denn dadurch werden MANV und CBRN-MANV gleichermaßen steuerbar. Wie in Kapitel 1.5 in Abbildung 7 dargestellt, hätten dann zum Beispiel die vital bedrohten Verletzten (SK I, Rot) auch die höchste Dekontaminationspriorität. Allerdings müssen die bisher in Deutschland zur Anwendung kommenden Vorsichtungsverfahren (z.B. mSTaRT oder PRIOR®) für CBRN-Lagen erweitert werden. So müssen schnell eintretende, heftige Körperreaktionen zum Beispiel von Augen, Schleimhäuten und der Haut, Vergiftungserscheinungen oder eine großflächige Kontamination der Körperoberfläche oder des Gesichtes Eingang in die Zustandsbewertungen finden und lebensrettende Sofortmaßnahmen beispielweise um Ablagen für kontaminierte Kleidung, SPOT-Dekon und gegebenenfalls eine frühestmögliche Gabe von Antidota erweitert werden.

Es wird deutlich, dass einerseits die Berücksichtigung von spezifischen Faktoren der Wirkung von CBRN-Agenzien bei der medizinischen Vorsichtung zu Priorisierungsfehlern führen kann, jedoch das Fehlen dieser Faktoren andererseits in der Dekon-Sichtung Fehler in der Festlegung der Reihenfolge der Verletzten im Dekon-V-Ablauf erzeugen wird. Es besteht also nach wie vor Entwicklungsbedarf für ein System der (Vor-)Sichtung, das in CBRN-Lagen die zuvor aufgezeigten Problemfelder löst, zusätzlich durch CBRN-Inkorporation verursachte Wirkungen (z.B. Toxidrome) aufgreift und auch unter den Bedingungen der Kontaminiertenablage einfach anwendbar ist. Vor allem muss es aber geeignet sein, um von Beginn an lagebedingt die medizinische Versorgung vor Ort bis in die klinische Versorgung hinein zu bewerten, zu planen und zu steuern.

Zweck der Dekon-Sichtung bei einem CBRN-MANV ist es, die Einschränkungen in der medizinischen Versorgung aufgrund der Flaschenhalswirkung der Dekon-V durch die Priorisierung der kontaminierten Verletzten so effektiv wie möglich zu kompensieren. Durch die Dekon-Sichtung wird sowohl die Reihenfolge der Verletzten im Durchlauf durch die Dekon-V festgelegt als auch deren lagebedingt mögliche medizinische Versorgung auf der Kontaminiertenablage bis zur Dekontamination. Damit ist die Dekon-Sichtung ausschließlich auf die medizinische Versorgung und deren Management in der Übergangszone ausgerichtet. Dieses Vorgehen wird dadurch sinnvoll weitergeführt, dass auf der nicht-kontaminierten Seite der Dekon-Strecke bei der Übergabe der dekontaminierten Betroffenen zweifellos eine medizinische (Vor-)Sichtung erfolgt, die hier letztlich die übliche medizinische Versorgung und das Management einer MANV-Lage einleitet oder fortführt.

Ein möglicher und sinnvoller, jedoch noch nicht evaluierter und konsentierter Vorschlag einer Dekon-V-Sichtung ist in Abbildung 24 aufgezeigt. Der Algorithmus ist auf der Basis des PRIOR®-Vorsichtungssystems entstanden.

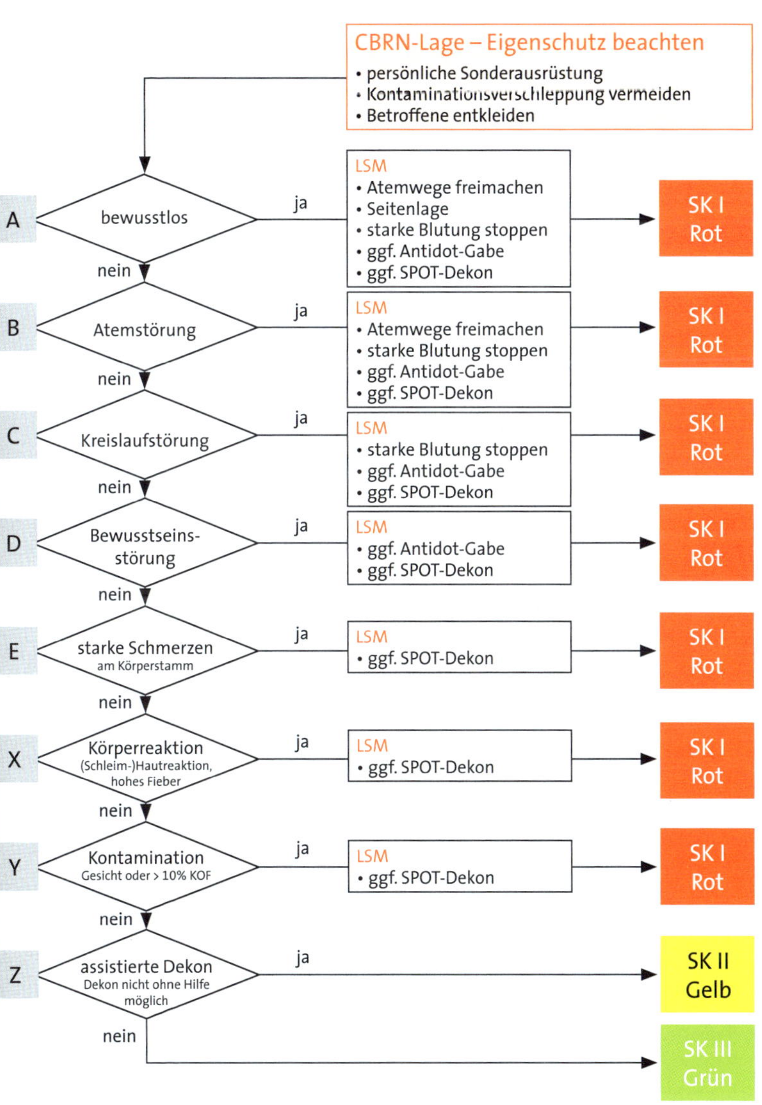

ABB. 24 ▶ Beispiel eines Dekon-Sichtung-Algorithmus auf PRIOR®-Basis

Der einleitende Kasten »CBRN-Lage – Eigenschutz beachten« wurde lagespezifisch angepasst und mit dem Hinweis »Betroffene entkleiden« das Ablegen von kontaminierter Kleidung aufgenommen. Unverändert blieben die Fragestellungen und Zuordnungen der Punkte A bis E. Lediglich die mit der jeweiligen Zustandsbeurteilung verbundenen lebensrettenden Sofortmaßnahmen wurden um »ggf. Antidot-Gabe« und »ggf. SPOT-Dekon« erweitert. Ergänzend wurden die Fragestellungen »X« und »Y« eingefügt, damit schwerwiegende Auswirkungen einer Kontamination/Inkorporation in der Priorisierung der Durchlaufreihenfolge durch die Dekon-V berücksichtigt werden können. In der Fragestellung »Z« wird letztlich beantwortet, ob der kontaminierte Verletzte liegend dekontaminiert werden muss oder er sich eigenständig dekontaminieren kann. Die Zuordnung eines kontaminierten Verletzten in die SK I (Rot) ergibt die höchste Dekon-V-Priorität als Voraussetzung für eine schnellstmögliche ärztliche Behandlung nach Dekon und den schnellstmöglichen Transport ins Krankenhaus. Die Zuordnung eines kontaminierten Verletzten in die SK II (Gelb) ergibt eine hohe Dekon-V-Priorität als Voraussetzung für eine schnelle ärztliche Versorgung nach Dekon und einen schnellen Transport ins Krankenhaus. Die Zuordnung eines kontaminierten Verletzten in die SK III (Grün) ergibt eine geringe Dekon-V-Priorität, weil auch nur eine geringe ärztliche Versorgungspriorität nach der Dekon besteht. SK-III-priorisierte kontaminierte Verletzte können auch in einer Dekon-P-Einrichtung bei der Eigendekontamination unterstützt werden, was wahrscheinlich zur Entlastung der Dekon-V-Strecken führen wird.

Die Dekon-Sichtung insgesamt und insbesondere die Kommunikation mit dem Kontaminierten wird durch die PSA des Sichtenden eingeschränkt und erschwert. Hier kommt es darauf an, einfache Methoden der Diagnostik und Bewertung anzuwenden. Wahrscheinlich wird die Dekon-Sichtung als Vorsichtung durch nicht-ärztliches medizinisches Personal erfolgen müssen, da eine Verfügbarkeit von Ärzten unter PSA-Bedingungen auf der Kontaminiertenablage wahrscheinlich sehr begrenzt ist.

Eine wertvolle gerätetechnische Unterstützung für eine Dekon-Sichtung kann der Einsatz von Pulsoxymetern sein, um den individuellen Bedarf an O_2-Inhalation zu bewerten. Dabei ist zu beachten, dass eine Kontaminationsverschleppung von einem Verletzten zum anderen verhindert werden kann, wenn die Verletzten während der Messung einen Hygieneschutzhandschuh tragen. Allerdings sollten es möglichst farblose PVC-Handschuhe sein, um Messwerte nicht zu sehr zu verfälschen.

3.2.7 Wärmeerhalt

Zum Ende ihrer SPOT-Dekon, spätestens aber nach der Dekon-Sichtung, müssen alle Verletzten vor weiterem Wärmeverlust geschützt werden. Neben dem Aufenthalt in temperierten Zelten sind hierfür ausreichend viele Rettungsdecken oder Decken aus neuartigem, Wärme reflektierendem Material sowie jeweils eine Einmal-Decke pro Patient bereitzuhalten. Auch gilt es, das Problem der fehlenden Fußbekleidung zu lösen, hier kann beispielsweise mit Einmal-Pantoffeln Abhilfe geschaffen werden.

3.2.8 Versorgung und Betreuung

Nachdem im ersten Zugriff auf kontaminierte Verletzte eine Kontaminationsverschleppung als wesentliche Gefahr für Personen, die nicht durch eine PSA geschützt sind, so weit wie möglich eingegrenzt wurde, werden Verletzte in den zweiten Bereich der Kontaminiertenablage gebracht. Dort werden sie entsprechend der Vorgaben durch die Dekon-Sichtung medizinisch versorgt, bis sie von der Dekon-V zu ihrer Dekontamination abberufen werden können. Liegende Verletzte verbleiben auf dem Spineboard gelagert, das aber auf einer mit einem Einmal-Stecklaken geschützten Krankentrage abgelegt wird. So ist ein Umlagern des Verletzten vermeidbar, das Wiederanheben mit Spineboard wird vereinfacht und der Verletzte hat einen zusätzlichen Abstand zum Fußboden, was seinen Wärmezustand begünstigt.

Im Sinne der psychosozialen Notfallversorgung ist hier auch der erforderliche Freiraum zur Information der kontaminierten Verletzten über ihren weiteren Versorgungsverlauf gegeben. Um Sprachbarrieren zu überbrücken, ist die Verteilung von Flyern mit der grafischen Darstellung der Versorgungskette sinnvoll. Auch muss jetzt möglichst die Zusammenführung von Eltern und Kindern oder auch Familien erfolgen. Sie gibt den kontaminierten Verletzten Sicherheit und Vertrautheit, auch vor dem Hintergrund ihrer religiösen oder ethnischen Vorstellungen. An dieser Stelle sei darauf hingewiesen, dass bereits seit einigen Jahren an der AKNZ des Bundesamtens für Bevölkerungsschutz und Katastrophenhilfe Seminarangebote zur psychosozialen Notfallversorgung für Betroffene und Einsatzkräfte bestehen.

3.2.9 Übergabe an die Dekon-V

Nachdem kontaminierte Verletzte wie zuvor beschrieben vorversorgt wurden, erfolgt die Übergabe an die Dekon-V. Die Abforderung von Verletzten zur Dekontamination sollte aus der Dekon-V-Strecke erfolgen, da die dortige Ablaufsteuerung ausschlaggebend ist. Wichtig ist, dass alle verletztenbezogenen Informationen mit übergeben werden, um eine Versorgungskontinuität zu erreichen. Kontaminiertenablage und Dekon-V sollten mit einem Versorgungsabstand von 2 bis 4 Metern direkt hintereinander liegen. So werden lange Transportwege vermieden und eine direkte Kommunikation zwischen beiden Funktionsbereichen möglich gemacht. Um Umlagerungen Verletzter zu vermeiden, bietet es sich an, sie ebenfalls und wie zuvor beschrieben auf einem Spineboard liegend in die Dekon-V zu überführen. Gute Erfahrungen wurden damit gemacht, wenn ein Transportsystem für liegende Verletzte durch Dekon-V schon in der Kontaminiertenablage begann.

Abb. 25 ▶ Patiententransportsystem von der Kontaminiertenablage in die Dekon-V

Damit der Verletztenfluss in Richtung der Dekontamination reibungslos erfolgt, der Effekt des Flaschenhalses in der Dekon-V steuerbar bleibt und die Abgabe dekontaminierter Verletzter in den Absperrbereich zum Beispiel zum Behandlungsplatz problemlos funktioniert, ist die Aufgabe der gesamten Ablaufsteuerung ein wesentlicher Bestandteil der Arbeit des Führungsteams in der Übergangszone der CBRN-Einsatzstelle. Der Leiter der SEG-VERKON als Leiter der Kontaminiertenablage, der Leiter der Dekon-V und der Arzt auf der Kontaminiertenablage müssen als Führungsteam trainiert sein, damit die medizinische Versorgung Kontaminierter innerhalb der Übergangszone, an der Einsatzstelle insgesamt und weiter bis in die Krankenhäuser optimal verläuft.

3.3 Tätigkeiten in der Dekontaminationsstrecke Dekon-V

Kontaminierte Verletzte werden, wenn dies noch nicht auf einer Kontaminiertenablage erfolgte, noch im Eingangsbereich der Dekon-V-Strecke entkleidet, sofern sie nicht selbst dazu in der Lage dazu sind. Die bereits auf einer Kontaminiertenablage vorbereiteten Verletzten müssen selbstverständlich die vorläufigen Mittel zum Wärmeerhalt ablegen. Das abgelegte Eigentum aller Betroffenen ist personenbezogen zusammenzufassen und verbleibt, mit der individuellen Erfassungskennung versehen, in geeigneten Behältern im unreinen Bereich. Besonders unter psychosozialen Aspekten ist es hier Aufgabe der Einsatzkräfte, dem Betroffenen den weiteren Ablauf der Dekontamination und seine Möglichkeit zum aktiven Beitrag zu erklären.

Im Dekontaminationsverfahren sind zwei Verletztengruppen zu unterscheiden, für die der Dekon-V-Verlauf

Übernahme	z.B. Abruf Kontaminierter aus der Kontaminiertenablage
Entkleiden	nicht vorversorgter Kontaminierter, inkl. Asservierung und Erfassung; bei Vorversorgten: Ablegen Wärmeerhalt, Absicherung, med. Versorgung
Vorbereitung	nicht vorversorgter Kontaminierter (SPOT-Dekon, PSNV)
Dekon-V	entsprechend von EL vorgegebenem Verfahren, 1-3-2-Prinzip, gehfähige oder liegende Verletzte
Abschluss	visuelle Verlaufskontrolle oder Freimessung bei RN-Kontamination, Abtrocknung
Ablage	Fortführung med. Versorgung, Umlagerung auf saubere Krankentrage, Wärmeerhalt
Übergabe	an Einsatzkräfte aus dem Absperrbereich (z.B. BHP) Übergabeinformation und Transport zur Sichtungsstelle

Abb. 26 ▶ Aufgaben der Dekon-V-Strecke

aber grundsätzlich gleich ist. Der einen Gruppe gehören gehfähige Verletzte an, die sich durchaus selbst dekontaminieren können, wenn sie dabei von einer Einsatzkraft unterstützt und angeleitet werden. Die andere Verletztengruppe bilden diejenigen Verletzten, die liegen müssen und vollumfänglich von Einsatzkräften dekontaminiert werden. Die Dekontamination erfolgt in Dusch-Einrichtungen in einem der Situation und der Kontamination angepassten Verfahren, entweder nur mit Wasser oder mit von der Einsatzleitung vorgegebenen, stoffspezifischen Dekontaminations- oder Desinfektionsmitteln. Die Einsatzleitung kann sich hierfür Fachberatung durch Kompetenzzentren, Laboratorien, Behörden und andere Fachgremien einholen. Im Anhang des Buches ist diesbezüglich eine Liste mit relevanten Links zusammengestellt.

Für liegepflichtige Verletzte ist die Dekon-V-Strecke so auszuführen, dass entweder auf parallel positionierten

Dekon-V-Arbeitsplätzen jeweils alle Aufgaben durchlaufen werden oder aber es werden fließbandähnlich – zum Beispiel mit Schienengestellen – unterschiedliche Arbeitsstationen so hintereinander aufgebaut und betrieben, dass der Gesamtprozess der Dekon-V im Durchlauf der Verletzten durch die Strecke erfolgt. Bevor liegende Verletzte in den Reinigungsbereich geschoben werden, müssen venöse Zugänge und andere medizinische Versorgungen gesichert und nach Möglichkeit unterbrochen werden. Erforderliche Medikationen und Antidot-Gaben sollen vor dem Reinigungsvorgang durchgeführt werden, damit dieser unterbrechungsfrei erfolgen kann. So vorbereitet werden die Kontaminierten in den Reinigungsbereich übernommen. Danach beginnen die dortigen Einsatzkräfte mit dem Dekontaminationsprozess, in dem im »1-3-2 Prinzip« dekontaminiert wird. Das bedeutet, dass sich nach einer 1-minütigen Nassbrause, bei der der ganze Körper von Kopf in Richtung Füße geduscht wird, eine 3-minütige Waschung des gesamten Körpers anschließt, angefangen bei den Kopfhaaren. Hierbei ist besonders die sorgfältige Reinigung von Hautfalten, Finger- und Zehenzwischenräumen sowie von Körperöffnungen zu achten. Als Reinigungsmittel werden handelsübliche pH-neutrale Duschseifen verwendet. Ist in diesen Mitteln Polyethylenglykol (PEG) enthalten, unterstützt dies die Abreinigung von hydrophoben Substanzen. Beim Waschen ist der Verletzte achsengerecht auf dem Spineboard oder auf einer anderen Auflage zu drehen und auch auf der Liegeseite zu reinigen. Abschließend erfolgt ein 2-minütiges Nassbrausen zum gründlichen Nachreinigen, ebenfalls von allen Seiten.

Nach erfolgter Verlaufskontrolle, bei der der Verletzte nach Anhaftungen von Schadstoffen visuell untersucht wird oder – im Fall einer RN-Kontamination – frei gemessen wird, wird er von Einsatzkräften der Dekon-V auf eine bereitgestellte Krankentrage umgelagert und mit Einmal-Handtüchern abgetrocknet. Zum Wärmeerhalt sollte er mindestens eine Einmal-Isolationsdecke erhalten. Schnellstmöglich muss selbstverständlich die medizinische Versorgung wieder aufgenommen werden, bevor er zum Behandlungsplatz oder in andere Behandlungseinrichtungen überführt wird.

3.4 Übernahme dekontaminierter Verletzter auf den Behandlungsplatz

Nach der erfolgten Sichtung und Registrierung der Verletzten setzt die ärztliche Behandlung ein. Ein wesentliches Element in der Funktionalität des Behandlungsplatzes an der CBRN-Einsatzstelle ist die am Gefahrstoff orientierte medizinische Behandlung. Dies setzt allerdings einen qualitativen und quantitativen Stoffnachweis durch umfangreiche Analytik voraus. Die Anwendung hochspezieller Technik, wie sie bei den Einheiten der technisch-taktischen Gefahrenabwehr mit Mess- und Spürfahrzeugen vorhanden ist oder zumindest an die Einsatzstelle herangeführt werden kann, sowie entsprechende Beurteilungsexpertisen sollten so früh wie möglich von der Einsatzleitung initiiert werden. Hierfür erforderliche zusätzliche Informationen können bei Giftinformationszentren und Informationsdatenbanken abgefragt werden. Eine Auswahl möglicher Informationsträger findet sich im Anhang des Buches.

Als Voraussetzung für eine Expositionstherapie bedarf es der Stoffanalyse und medizinischen Beurteilung der pathologischen Wirkung freigesetzter Agenzien bei Verletzten mit Vergiftungserscheinungen. Zusätzlich zur üblichen symptomorientierten Therapie verletzter Notfallpatienten sind stoffspezifische Kenntnisse Voraussetzungen für die Behandlung mit Antidota. Der LNA muss diese Bedingungen in die Planung der fortführenden klinischen Behandlung einbeziehen und die dafür erforderliche Vernetzung mit den dafür erforderlichen Strukturen verantwortlich steuern. Der Bedarf an Gegengiften orientiert sich an der Anzahl der Verletzten/Betroffenen sowie an der jeweiligen Verlaufsform der Vergiftungserscheinung. In einigen Bundesländern werden Depots mit Antidota für den Massenanfall Vergifteter vorgehalten. Darüber hinaus werden Ressourcen in Notfalldepots der Landesapothekenkammern und in jeder Apotheke vorgehalten und für einen Einsatz verfügbar. Die Aufgabe von LNA und OrgL besteht in diesen Fällen darin, den Bedarf an Antidota abzuschätzen und herbeizuschaffen. In die Mengenberechnung ist selbstverständlich auch der Bedarf einzukalkulieren, der Verletzten auf dem Transport in das Aufnahmekrankenhaus verabreicht werden muss.

Im Anschluss an die ärztliche Behandlung wird gemäß ärztlicher Anordnung die Behandlung, beispielsweise

Aufnahme	Sichtung/Triage, Registrierung
Behandlung	z.B. Schocktherapie, Reanimation, Chirurgie, Expositionstherapie entsprechend der Lagespezifika
Versorgung	entsprechend ärztlicher Anordnung
Pflege	Überwachung und Pflege bereits versorgter Verletzter, Fortführung der Versorgung bis zum Transport zur Weiterbehandlung
Transport	Organisation von klinischer Behandlung und Transport dorthin, Übergabe der Verletzten
Geräteblage	Geräte, Material, Medikament, Medien, Logistikabläufe des BHP
Totenablage	

Abb. 27 ▶ Aufgaben am Behandlungsplatz

Wundversorgung, Lagerung, Sauerstofftherapie oder Infusionstherapie, so weit fortgeführt, dass die Transportfähigkeit der Verletzten hergestellt ist.

Können Verletzte nicht sofort transportiert werden, schließen sich Pflege und Überwachung bis zur Übergabe an die zugewiesene Transportkomponente an. Selbstverständlich sind Zustandsdaten, durchgeführte Maßnahmen und Medikationen in die Dokumentation zu übernehmen. Spätestens an dieser Stelle sollte auch die unterbrochene psychosoziale Unterstützung der Patienten wieder aufgenommen werden.

Wird der verletzte oder erkrankte Betroffene schließlich für den Transport in das zugewiesene Krankenhaus an ein Rettungsmittel übergeben, ist ein ausführliches Übergabegespräch anhand der Verletztendokumentation nötig. Nur so ist der Informationstransfer zum klinischen Aufnahmebereich und somit die Fortführung der eingeleiteten Therapie sichergestellt.

Schlussbemerkung zu Kapitel 3

Mit dem zuvor beschriebenen Versorgungsverlauf von CBRN-kontaminierten Verletzten entlang der generellen präklinischen Versorgungskette ist die wahrscheinlichste taktische Variante in Deutschland beschrieben. Mittlerweile werden in einigen Ballungszentren auch Dekon-V-Einrichtungen direkt vor den Eingängen von Kliniken der Maximalversorgung eingerichtet. Das bietet andere taktische Möglichkeiten des Transportmanagements, wie sie lagebedingt oder auch verletztenorientiert erforderlich werden können. Derartige Konzeptionen haben einen so hohen regionalen Bezug, dass sich interessierte Leser bitte bei den regionalen Verantwortlichen für die Gefahrenabwehr informieren mögen.

4 Vorschlag für den Aufbau einer SEG-VERKON

4.1 Aufgaben und Rahmenbedingungen

Damit alle erforderlichen Aufgaben zur medizinischen Versorgung kontaminierter Verletzter an CBRN-Einsatzstellen frühzeitig, schon im Bereich der kontaminierten Übergangszone begonnen werden können, erscheinen die Aufstellung, Ausrüstung und Ausbildung von SEG'en speziell für diese besondere Einsatzaufgabe als notwendige Voraussetzung. In der Namensgebung SEG-VERKON ist die Aufgabenstellung der Einheit der tragende Gedanke. VERsorgung KONtaminierter Verletzter gibt wortgetreu die Bedeutung des Einsatzzwecks wieder.

In besonderem Maße soll die nachfolgende Konkretisierung dieser Idee die für den Einsatzerfolg Verantwortlichen dazu motivieren, die Möglichkeiten zur Umsetzung im eigenen Wirkungsbereich zu planen und zu vollziehen. Sie richtet sich daher an die operativen Entscheidungsträger der Hilfsorganisationen und anderer Leistungserbringer des Rettungs- und Sanitätsdienstes, an Leitende Notärzte und Notärzte als Verantwortliche für die medizinische Versorgung der Verletzten sowie an Einsatzleiter der Feuerwehren. Mit diesem Konzept können Defizite des medizinischen CBRN-Schutzes in der Gefahrenabwehr als Teil des gesundheitlichen Bevölkerungsschutzes aufgefangen und gemindert werden.

Im Sinne dieses Buches wird aus den Versorgungsmodulen »SEG-VERKON« und »Dekon-V« ein Versorgungssystem »V-Dekon-V«, das – hintereinander arbeitend – die Versorgung und Dekontamination kontaminierter Verletzter

als Voraussetzung für deren standardisierte medizinische Behandlung durchführt.

4.1.1 Regionale Vorhaltung

Die für den Aufbau und den Betrieb einer SEG-VERKON zu klärenden Standortfragen orientieren sich an dem Flächen-Bedarfsplan für die Aufstellung der Gefahrgutzüge der Feuerwehren. Häufig werden diese auf Kreisebene von verschiedenen Standorten zusammengezogen, um dann die bereits vor Ort tätigen Standort-Feuerwehren im Sinne einer »Task Force« zu unterstützen. So ergibt sich ein weiträumiger Einsatzbereich, der als Muster für die regionale Vorhaltung einer SEG-VERKON gelten kann.

4.1.2 Zielsetzung

Der Einsatz der SEG-VERKON erfolgt mit folgender grundsätzlicher Zielsetzung:

- erste Versorgung kontaminierter Verletzter noch vor deren Dekontamination
- Aufbau und Betrieb einer Kontaminiertenablage vor der Dekon-V
- Unterstützung bei der Dekontaminationssichtung
- medizinische und psychische Vorbereitung der Verletzten auf die Dekontamination
- Ablaufsteuerung der medizinischen Versorgung bis in die Regelversorgung
- medizinische Sicherung aller Einsatzkräfte im Kontaminationsbereich.

Für diese Aufgabe sind von der SEG-VERKON die personellen, technischen, logistischen und organisatorischen Voraussetzungen zu erbringen.

4.1.3 Einbindung an der Einsatzstelle

Im Ersteinsatz befindliche Einsatzkräfte des Rettungsdienstes werden eine CBRN-Einsatzstelle nur dann wirksam beeinflussen können, wenn sie dafür ausgerüstet und ausgebildet sind. Nach ihrem Eintreffen unterstellt sich die SEG-VERKON dem Einsatzleiter/der Einsatzleitung vor Ort und erhält hier ihren generellen Einsatzauftrag. Nach erfolgter Einsatzabschnittsbildung sollte diese SEG von der Einsatzabschnittsleitung Rettungsdienst (EAL-RD) geführt werden, weil so eine fachliche und organisatorische Abschnittsbildung über die gesamte Einsatzstelle ermöglicht wird.

4.2 Struktur der SEG-VERKON

Für die Aufbau-Organisation dieser SEG sollen die üblichen Komponenten des Sanitätsdienstes zugrunde gelegt werden. Üblich ist eine Sanitätsgruppe mit einer personellen Struktur von acht (1/7/8) bzw. zehn (1/9/10) Funktionen. Zur Sicherstellung der Einsatzbereitschaft wird ein zweifacher Personalansatz empfohlen.

Fahrzeugtechnisch soll die SEG-VERKON mit zwei vielerorts im Einsatz befindlichen Gerätewagen Sanitätsdienst (GW-SAN) als Behandlungskomponenten sowie mit einem Rettungswagen (RTW) oder Krankentransportwagen (KTW) als Transportkomponente ausgestattet sein. Selbstverständlich ist darauf zu achten, dass die Bereitstellung von

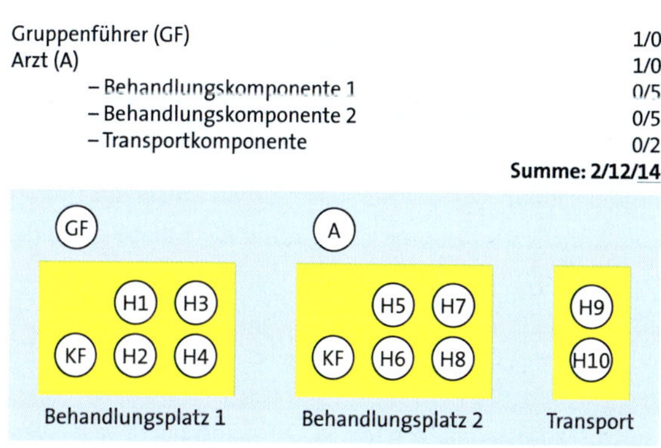

Abb. 28 ▶ Mögliche Personalstruktur der SEG-VERKON

Rettungswagen aus dem Regelrettungsdienst nur möglich ist, wenn das Personal die persönlichen gesundheitlichen Anforderungen und die nötigen Zusatzqualifikationen für diese besondere Einsatzverwendung erfüllt.

Wesentlich für den Einsatzablauf der SEG ist, dass die Transportkomponente der Einheit nicht für den Transport von Verletzten gedacht ist, sondern an der Einsatzstelle als separater Versorgungsplatz eingebunden ist. Die GW-SAN-VERKON transportieren das Personal und das Material für den Aufbau und den Betrieb der Kontaminiertenablage.

Abb. 29 ▶ Mögliche Fahrzeugzuordnung für die SEG-VERKON

4.3 Materielle Ausstattung der SEG-VERKON

Die nachfolgend beschriebenen Ausstattungen der Fahrzeuge beziehen sich auf den besonderen Einsatzauftrag der SEG-VERKON und übernehmen, ohne dass diese gesondert genannt oder aufgezählt werden, die Material- und Gerätekomponenten bestehender Fahrzeugkonzeptionen, wie sie normativ oder üblich für Rettungsfahrzeuge oder zum Beispiel für den GW-SAN sind. Fahrzeuge des Katastrophenschutzes können auch nach STAN ausgerüstet sein, wenn sie der bisherigen Bundesausstattung entsprechen. Die folgende Ausstattung basiert auf dem Beispiel der ABBILDUNGEN 28 UND 29 unter Zugrundelegung des ArztTrKW als Behandlungskomponente, um bewusst Innovationen Raum zu lassen. Dem Beispiel folgend sind andere Konzeptionen entsprechend anzupassen.

Die Ausrüstungen der GW-SAN-VERKON sollten sich so ergänzen, dass beide Fahrzeuge zwar eine gleiche Grundausstattung mitführen, und zwar in Form von persönlichen Schutzausrüstungen (PSA) für die Einsatzkräfte und Elementen wie Zeltausrüstung, Beleuchtung usw. für den Aufbau der Kontaminiertenablage, aber entlang der Versorgungsrichtung mit unterschiedlichen Zusatzausstattungen komplettiert sind. Das bedeutet gemäß KAPITEL 4.2 für das Fahrzeug »Behandlung 1« eine Erweiterung der Ausstattung für die Aufgaben Kontaminiertenerfassung, Entkleiden inklusive Kleidungsmanagement, lebensrettende Sofortmaßnahmen und SPOT-Dekontamination. Der übliche Bestand an DIN-Krankentragen ist beizubehalten und sollte den Kräften als Einsatzmittel bereitgestellt werden.

Das Fahrzeug »Behandlung 2« muss für die Aufgaben Dekon-Sichtung, Wärmeerhalt sowie Versorgung und Betreuung bis zur Dekon-V eine Zusatzausstattung erhalten

Tab. 3 ▶ Spezifische Zusatzbeladung Fahrzeug »Behandlung 1«

Artikel	Beschreibung	Anzahl
Spineboard, Kunststoff, 500 kg Tragkraft	Lagerung Kontaminierter (Versorgung + Transport)	20
Traverse, 60 cm, 1" Durchmesser	verzinktes Stahlrohr zum Einbau in Krankentragen Lagerungsgestelle als Auflage für Spineboards	8
Auffangwanne, 100 × 180 cm	»Entkleideplatz« für liegende Kontaminierte	2
Trennwand mit Gestänge	Kabinenaufbau für gehfähige Kontaminierte	3
Folienbeutel, 30 × 30 cm, transparent	personenbezogene Sicherung von Wertgegenständen	200
Partybänder, laufende Nummerierung	vorläufige Kontaminiertenerfassung	250
Folienstift, 0,5 mm, permanent, schwarz	Beschriftung von Folienbeutel und Partybändern	10
Foliensack, 150 × 100 cm, transparent	personenbezogene Sicherung kontaminierter Bekleidung	200
Foliensack, 150 × 100 cm, schwarz	Entsorgung aus SPOT-Dekon (Kennzeichnung als Sondermüll vorsehen)	200
Kleiderschere	Aufschneiden kontaminierter Kleidung	6
Folienstift, 5 mm, permanent, schwarz	Beschriftung von Kleidersäcken	10
Trinkwasser, 0,5l-Flasche	Spot-Dekontamination	200
Waschlotion, Ampulle, bis 50 ml	ggf. auch wasserfreie Hautreinigung, Entfernung von Partikeln oder Flüssigkeiten	200
Hautdesinfektionsmittel, 50 ml	Desinfektion von biologischer Kontamination	100
Augenspülflasche, 0,2 l 0.9% NaCl	Spülung der Augen nach Kontamination	100
Folienklebeverband, einzeln steril verpackt	Abdecken dekontaminierter Wunden und dekontaminierter Hautflächen für Venenpunktion	200
Einmal-Kopfhaube	Abdeckung von Kopfhaaren	200
Notfallkoffer DIN 13155	lebensrettende Sofortmaßnahmen (BLS)	2

(s. Tab. 4). Darüber hinaus ist zu empfehlen, dass wegen der besonderen Dringlichkeit der Applikation im Fall von Vergiftung mit Organophosphat entsprechende Antidota vorgehalten werden, so zum Beispiel von ATOXTM II Combo-

Tab. 4 ▶ Spezifische Zusatzbeladung Fahrzeug »Behandlung 2«

Artikel	Beschreibung	Anzahl
Spineboard, Kunststoff, 500 kg Tragkraft	Lagerung Kontaminierter (Versorgung + Transport)	20
Einmal-Stecklaken	Auflage auf Krankentragen vor jedem Neuauflegen eines Spineboards mit Patienten	150
Rettungsdecke	Wärmeerhalt und Körperbedeckung	150
Einmal-Krankendecke	Wärmeerhalt und Körperbedeckung	150
Einmal-Pantoffeln	Wärmeerhalt, Fußbedeckung	100
Notfallkoffer DIN 13155	lebensrettende Sofortmaßnahmen (BLS)	6
Beatmungsbeutel, Masken und O_2-Schlauch	manuelle Beatmung kontaminierter Verletzter	20
O_2-Flasche, 5 l, 200 bar inkl. Anschlussarmatur	patientenbezogene O_2-Versorgung	10
O_2-Inhalationsmaske	patientenbezogene O_2-Versorgung	100
Infusionslösung NaCl, inkl. Besteck	patientenbezogene Infusionstherapie zur Volumensubstitution	100
Venenverweilkanülen diverse Größen	patientenbezogene Infusionstherapie zur Volumensubstitution	50
Einmal-Spatel	Mundinspektion	100
Pulsoxymeter	Dekon-Sichtung	5
PVC-Einmal-Handschuhe, größte Größe	Kontaminationsschutz von Patienten bei Pulsoxymetrie	100
Einmal-Fieber-thermometer	Messung der Körpertemperatur bei Verdacht auf biologische Kontamination	100
Faltblatt Ablaufbeschreibung	Information von kontaminierten Verletzen zum weiteren Versorgungsverlauf in CBRN-Lage	200

Pen®-Autoinjektoren. Die Verordnung von Medikationen und die Gabe von Arzneimitteln werden durch den Arzt der SEG-VERKON vorgenommen und den Bedingungen der jeweiligen Einsatzstelle entsprechend mit dem LNA abgestimmt. Der übliche Bestand an DIN-Krankentragen ist beizubehalten, diese sollten an den Versorgungsplätzen der Kontaminiertenablage als Unterlagen für Verletzte eingesetzt werden, die auf Spineboards liegen.

Die in den Tabellen beispielhaft aufgeführten und empfohlenen Ausstattungen umfassen lediglich sachbezogene Komponenten, die zu einsatzbereiten Funktionssystemen kombiniert und durch Sanitäts- und Versorgungsmaterial ergänzt werden müssen. Letztlich erscheint es sinnvoll, hier patientenbezogene Versorgungssets oder Funktionsmodule zusammenzustellen, um die Handhabung im Einsatz zu vereinfachen.

4.4 Qualifikation von Einsatzkräften

4.4.1 Fachdienstausbildung

Aufgrund der gestiegenen Anforderungen an die präklinische medizinische Versorgung auch kontaminierter Verletzter sollten alle Mitglieder der SEG-VERKON mindestens die Fachdienstausbildung als Sanitätsdiensthelfer abgeschlossen haben. Die anzustrebende Qualifikation sollte der Rettungshelfer sein. Ein Truppführer sollte als Rettungssanitäter und ein Gruppenführer als Rettungsassistent qualifiziert sein, der Arzt die übliche Qualifikation zur Tätigkeit als Notarzt im Rettungsdienst erfüllen. Diese Vorgaben erscheinen angebracht angesichts der Aufgaben an der CBRN-Einsatzstelle und der möglichen verantwortlichen Übernahme von

Detailaufgaben in ärztlicher Delegation oder gar im Rahmen der Notkompetenz. An dieser Stelle soll jedoch nicht weiter darauf eingegangen werden, inwieweit diese Ausbildungen durch Organisationsrichtlinien und Rechtsregelungen ausreichend und eindeutig quantifiziert und qualifiziert sind.

4.4.2 Körperliche Eignung

Da das Tragen von persönlicher Schutzausrüstung (PSA), die auch einen der Lage angemessenen Atemschutz beinhaltet, notwendig ist, muss sichergestellt sein, dass der Trä-

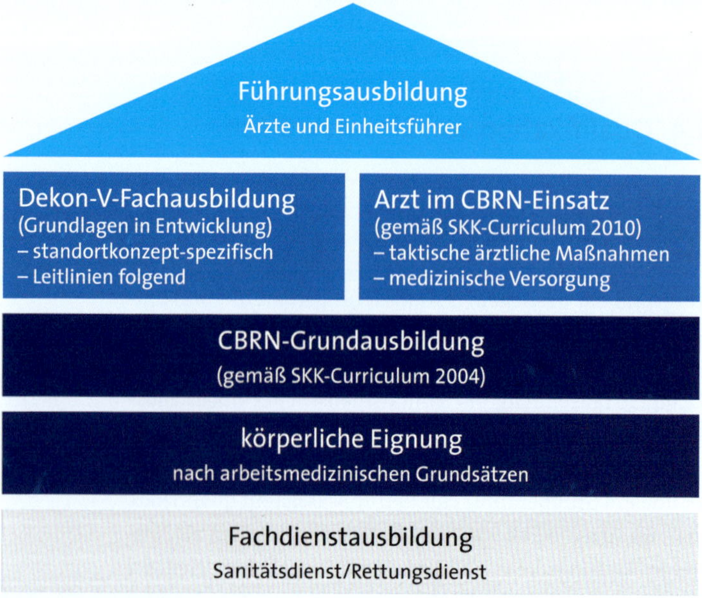

Abb. 30 ▶ »Qualifikationshaus« der SEG-VERKON

ger gesundheitlich in der Lage ist, unter den Belastungen des jeweiligen Atemschutzsystems arbeiten zu können. In C-Einsatzlagen sind für die Übergangszone im Regelfall Vollmasken-Filtersysteme, wie sie beispielsweise in der ABC-Schutzausstattung des Bundes fester Bestandteil sind, der angemessene Atemschutz. Hier ist häufig eine Eignung nach arbeitsmedizinischem Grundsatz G26–2 nachzuweisen. Es sind aber bereits auch Einheiten mit Schutzkleidung in Kombination mit Gebläse-Filtergeräten ausgestattet, für die der Träger nach derzeitigem Stand keine körperliche Eignung nachweisen muss. Grundsätzlich ist hier den arbeitsmedizinischen und sonstigen Bestimmungen des Arbeitsschutzes Folge zu leisten, um den Einsatzkräften größtmögliche Sicherheit zu garantieren.

4.4.3 CBRN-Grundausbildung

Die CBRN-Grundausbildung orientiert sich an den Empfehlungen der Ständigen Konferenz für Katastrophenvorsorge und Bevölkerungsschutz (SKK) im Curriculum »Standardisierte ABC-Grundausbildung« und dem dazugehörigen Lernziel- und Themenkatalog. Hier werden CBRN-Grundlagen, CBRN-Schutzmaßnahmen, wie zum Beispiel der Umgang mit PSA, CBRN-Einsatzlehre und psychosoziales Krisenmanagement in CBRN-Lagen in einem Lehrgang vermittelt. Diese Grundlagenqualifikation für CBRN-Einsätze umfasst insgesamt 17 Unterrichtseinheiten.

4.4.4 CBRN-Fachausbildung

Im Rahmen dieser Fachausbildung, die auf Standortebene durchgeführt werden muss, sollen die Einsatzkräfte der

SEG-VERKON lernen, wie auf Basis ihrer örtlichen Konzeption des medizinischen/gesundheitlichen CBRN-Schutzes ihre Einheit in die Gefahrenabwehr eingebunden ist und wie sie schnell, sicher und angemessen zusammen mit der zuständigen DEKON-V-Einheit die medizinische Versorgung und Dekontamination Verletzter in CBRN-Lagen abarbeitet. Lehrinhalt ist einerseits der Umgang mit den tatsächlich verfügbaren Einsatzfahrzeugen und Einsatzmitteln, andererseits die Standards zu den Tätigkeiten auf einer Kontaminiertenablage. Derzeit sind entsprechende Leitlinien und Empfehlungen für die Ausbildungsinhalte sowie Lehrgangsbeschreibungen in Fachgruppen in der Entwicklung.

4.4.5 Arzt im CBRN-Einsatz

Die SKK hat 2010 ein gleichnamiges Curriculum mit Lernziel und Themenkatalog für die ärztliche Fortbildung entwickelt und zur Einführung empfohlen. Hauptthemen sind die einsatztaktischen ärztlichen Maßnahmen und die medizinische Versorgung im CBRN-Einsatz. Dabei wird lernfeldorientiert, theoretisch wie auch praktisch ausgebildet. Seminare werden seit 2011 an der Akademie für Krisenmanagement, Notfallplanung und Zivilschutz (AKNZ) durchgeführt.

5 Besondere Verfahren bei Einsätzen mit B-Gefahr

Als B-Gefahr wird ein Gefahrenpotenzial beschrieben, bei dem durch Freisetzung von Krankheitserregern für einzelne Personen oder Personengruppen eine Infektionsgefahr und damit verbunden eine Erkrankungsgefahr besteht. Besonders kritische Situationen entstehen:

- beim Einsatz von biologischen Kampfmitteln aus kriegerischen oder terroristischen Motiven,
- beim Vorliegen von Erkrankungen von Personen mit hoch kontagiösen Erregern, wie zum Beispiel dem viralen hämorrhagischen Fieber,
- bei akzidentieller Freisetzung von hoch kontagiösen Krankheitserregern.

Solche Anlässe bringen mitunter schwer beherrschbare zeitliche, räumliche und diagnostische Problemstellungen mit sich. Bedingt durch zum Teil mehrtägige Inkubationszeiten, in denen die infizierten Personen zwar frei von Symptomen sind, von ihnen aber eine Infektionsgefahr ausgeht, ist eine rasche räumliche Ausbreitung der Krankheitserreger zu befürchten. Zum Beispiel durch die zeitgleiche Anwesenheit vieler Personen in Ballungszentren und die Nutzung von öffentlichen Verkehrsmitteln ist eine explosionsartige Verbreitung dieser Krankheitserreger nicht zu verhindern. Da der Ausgangspunkt einer Infektionsausbreitung häufig nur schwer nachvollziehbar ist, kann diese Entwicklung nur bedingt unterbrochen werden.

Maßnahmen zum Schutz der Allgemeinheit und zur adäquaten Versorgung erkrankter und krankheitsverdächtiger Personen sind erst möglich, wenn:

- die Infektionskrankheit zum Ausbruch kommt,
- sie von einem behandelnden Arzt erkannt wurde,
- eine ungewöhnliche Häufung gleicher Erkrankungen registriert wird,
- die Erreger identifiziert sind,
- rechtzeitig, aufgrund von Verdachtsmomenten, eine B-Gefahr vermutet werden kann.

Entsprechende Maßnahmen sind unter anderem im Infektionsschutzgesetz (IfSG) und in den Brand- und Katastrophenschutzgesetzen der Länder geregelt. Hier sind die Handlungspflichten der zuständigen Behörden, die Anordnungspflicht von Maßnahmen durch Zuweisung der Zuständigkeit zu den Gesundheitsämtern und die Mitwirkung der Hilfsorganisationen definiert.

Aufgrund der an dieser Stelle nur knapp beschriebenen Problemstellungen und der nicht einheitlichen Verfahren der Gefahrenabwehr auf Orts-, Gebiets- und Landesebenen soll hier keine umfassende Beschreibung der festgelegten Handlungsabläufe bei vorliegender B-Gefahr erfolgen. Sicherlich sind jedoch Diskussion, Ideenfindung und Maßnahmenfestlegung zur Beherrschung möglicher B-Gefahren-Szenarien – auch wegen aktueller terroristischer Bedrohungen – bei weitem nicht abgeschlossen. Vielmehr sollen im Folgenden die wichtigsten Einsatzgrundsätze der rettungs-, sanitäts- und betreuungsdienstlichen Gefahrenabwehr bei erkannter B-Gefahr genannt werden.

1. Eigenschutz

- Aus- und Fortbildung für Einsatzkräfte
- Nutzung angeordneter persönlicher Schutzausrüstung
- vorgegebene Dekontaminationsverfahren durchführen

- Händedesinfektion und Handschuhwechsel nach jedem Patientenkontakt
- Händedesinfektion nach Ablegen der Schutzkleidung
- vorschriftsmäßige Nutzung von Schleusen und Detektionseinrichtungen
- Antibiotikumprophylaxe.

2. Dekontamination/Desinfektion

- Desinfektionsverfahren und Mittel gemäß §18 Abs. 1 IfSG anwenden
- Not-Desinfektion kontaminierter Körperoberflächen mit handelsüblichen Hautdesinfektionsmitteln durchführen
- bei großflächigen Not-Desinfektionen alkoholfreie Desinfektionsmittel, z.B. Peressigsäure (0,2%-Lösung), verwenden.

3. Patientenversorgung

- Risikoeinschätzung und -einteilung durch zuständigen Amtsarzt
- keine Zusammenlagerung Infektionskranker mit Immunschwäche-Patienten
- zwischen den Patienten mindestens einen Meter Abstand einhalten
- Infektionskranke mit Mund- und Nasenschutz versehen
- Patiententransport auf das Nötigste einschränken (siehe Transport)
- Isolierung Infektionskranker herbeiführen
- schnellstmögliche Behandlung in Spezialeinrichtungen herbeiführen (Berlin, Düsseldorf, Frankfurt a.M., Hamburg, Leipzig, München, Stuttgart)
- umfangreiche Versorgung mit Antibiotika und Antidota einleiten.

4. Patiententransport

- Einsatz von Spezialfahrzeugen und Spezialgeräten favorisieren
- zentrales, überregionales Transportmanagement durchführen
- Fahrzeuge des Rettungsdienstes vorbereiten (entkernen, abkleben, abdichten)
- Logistik beim Isoliertransport durch Zweitfahrzeug sicherstellen
- Absicherung des Umfelds des Isoliertransportes durch Polizei sicherstellen
- vor dem Transport das Transportziel abklären, dann Direkttransport.

5. Informationswesen

- Verfahren gemäß geltendem Seuchen-Alarm-Plan
- Personenkontakte recherchieren
- Meldepflicht gemäß IfSG beachten
- erforderliche Dokumentationen durchführen
- Information an zuständige Dienststellen gemäß Seuchen-Alarm-Plan geben.

6. Unterbringung

- Risikoeinschätzung und -einteilung von Kontaktpersonen durch den Amtsarzt
- Betreuung und Unterbringung gemäß regionaler Vorplanung
- nur unbedingt notwendige Außenkontakte unter definierten Schutzmaßnahmen zulassen
- Impfprophylaxe durchführen.

Anhang

Nützliche Links

WWW.ABC-GEFAHREN.DE
Portal zum Thema ABC-Gefahren (private Bibliothek)

WWW.BAUA.DE/INFO/INDEX.HTM
Bundesanstalt für Arbeitsschutz und Arbeitsmedizin

WWW.BBK.BUND.DE/DE/AUFGABENUNDAUSSTATTUNG/CBRN-SCHUTZ/CBRNSCHUTZ_NODE.HTML
Bundesamt für Bevölkerungsschutz und Katastrophenhilfe, CBRN-Schutz

WWW.DGKM.ORG/MEDIZINISCHER-CBRN-SCHUTZ
Deutsche Gesellschaft für Katastrophenmedizin e.V., Medizinischer CBRN-Schutz

WWW.DGUV.DE/IFA%3B/GESTIS/GESTIS-STOFFDATENBANK/INDEX.JSP
GESTIS-Gefahrstoff-Informationssystem der Deutschen Gesetzlichen Unfallversicherung

WWW.ERICARDS.NET
Die CEFIC »Emergency Response Intervention Cards« (ERI-Cards)

WWW.FEUERWEHRMANN.DE/INFORMATIONEN/NUETZLICHES.HTM
Der Feuerwehrmann (Organ der Feuerwehren in Nordrhein-Westfalen)

WWW.GIFTINFO.DE
Giftinfo Mainz, Beratungsstelle bei Vergiftungen

WWW.QUIRIN.DE/GEFAHRGUT-SLS/
ABC-Einsatzhandbuch der Freiwilligen Feuerwehr Saarlouis

HTTPS://WISER.NLM.NIH.GOV
Wireless Information System for Emergency Responders, U.S. National Library of Medicine

WWW.RKI.DE/DE/CONTENT/INFEKT/INFEKT_NODE.HTML
Robert Koch-Institut, Infektionsschutz

WWW.VCI.DE/THEMEN/LOGISTIK-VERKEHR-VERPACKUNG/TUIS/LISTENSEITE.JSP
TUIS (Transport-Unfall-Informations-System), Verband der Chemischen Industrie e.V.

WWW.VFDB.DE/VFDB-EV/BEIRATREFERATE/REFERAT-10/
Referat 10 (Umweltschutz), Vereinigung zur Förderung des Deutschen Brandschutzes e.V.

Glossar

Agenzien Stoffe mit medizinischer Wirkung, oft mit krankmachender Wirkung (pathologisch).

Antidot Gegengift. Ein Medikament, das die Wirkung eines Giftes aufhebt oder ihr entgegenwirkt.

Asservierung Sicherstellung von Gegenständen oder Medien für eine weitere Verwendung (Probenahme bei Vergiftungsverdacht zur Analyse).

CBRN-Einsatz Lage mit Freisetzung chemischer, biologischer, radiologischer oder nuklearer Agenzien (alt: ABC-Einsatz).

Deklaration Gesetzmäßige Meldung über Inhalt von Versandstücken. Es besteht eine Kennzeichnungspflicht von Versandstücken, Transporteinheiten und Fahrzeugen mit Gefahrstoffen.

Dekontamination Sammelbezeichnung für alle Maßnahmen, durch die für die ungeschützte Allgemeinheit sichergestellt ist, dass bei Kontakt mit einer Person oder einem Objekt, die durch radioaktive, biologische oder chemische Stoffe verseuchte wurde, keine Gefahren mehr bestehen.

DEKON-Sichtung Medizinische Bewertung des Zustandes kontaminierter Verletzter auf der Kontaminiertenablage in Hinblick auf deren Priorisierung in der Reihenfolge durch die Dekon-V und der medizinischen Maßnahmen vor der Dekon-V.

Detektion Sammelbegriff für alle Maßnahmen der Probenahme, von Spür-, Mess- und Analyseverfahren zum qualitativen und quantitativen Stoffnachweis.

Gemenge Chemisch-physikalischer Ausdruck für das Mischen von Stoffen, ohne dass sie eine Verbindung miteinander eingehen oder ihre Eigenschaften verändern.

Implementierung Einbindung eines einzelnen Elements in ein System. Hier einer SEG in die Gefahrenabwehr.

Inkorporation Eindringen von körperfremden, schädigenden Stoffen in den menschlichen Körper.

Kontamination Verseuchung durch Beaufschlagung von Oberflächen menschlicher und tierischer Körper oder von Objekten mit radioaktiv, biologisch oder chemisch wirkenden Stoffen.

Kontaminiertenablage Stelle an der Grenze des Gefahrenbereichs eines CBRN-Einsatzes, an der kontaminierte Verletzte und Betroffene vor deren Dekontamination gesammelt und unter den besonderen Bedingungen des Schutzes der Einsatzkräfte und des Schutzes vor Kontaminationsverschleppung – soweit möglich – erstversorgt werden, um sie auf die Dekontamination vorzubereiten und diese Erstversorgung bis zur erfolgten Dekontamination zu sichern.

Kontaminationsgrenze Organisatorische Grenze zwischen den kontaminierten und nicht kontaminierten Bereichen einer CBRN-Einsatzstelle.

Penetrationsschutz Schutz vor Durchdringung mit Stoffen. Klassifizierung des Penetrationsschutzes unter anderem nach Stoffzuständen (fest, flüssig, gasförmig).

Raumordnung Taktisch-technische Bezeichnung für die räumliche Situation an der Einsatzstelle. Aufgabenstellung für Führungspersonal, Ausrüstung, Funktionen und Fahrzeuge der Gefahrenabwehr an der Einsatzstelle zweckdienlich zu positionieren.

Resistenz Widerstandsfähigkeit sowohl eines funktionierenden Systems gegen Störeinflüsse als auch eines gesunden Menschen gegen Krankheitserreger oder von Krankheitserregern gegen Desinfektion.

Ressourcen Vorhaltungen, Hilfsmittel, Unterstützungspotenzial für einen Prozess aktiver Handlung einschließlich der Bereitstellung von Reserven. Für den Einsatz in der Gefahrenabwehr: Einsatzkräfte, Einsatzmittel, Fahrzeuge und Geräte.

Sensibilisierung Überempfindlichkeitsreaktion des Körpers gegen einen Fremdstoff. Eine Zweitreaktion auf einen solchen Stoff erfolgt meistens heftiger und länger als eine Erstreaktion.

STAN Stärke- und Ausrüstungsnachweis für Ausrüstungskomponenten, mit denen der Bund die Einheiten des erweiterten Katastrophenschutzes und die Länder die Einheiten des Katastrophenschutzes ausrüsten.

Verbindung Chemischer Prozess, bei dem mindestens zwei Stoffe miteinander vereinigen und einen neuen Stoff bilden.

Virulenz Aktive Wirkung von Krankheitserregern, auch Ansteckungsgefährlichkeit und Giftigkeit.

Wirkmechanismen Sammelbegriff für die Prozessketten, in denen Gefahrstoffe ihre Wirkungen auf Personen, Gegenstände und andere Elemente ihrer Umgebung entfalten.

Literatur

Bachmann U (2009) *Die PSA des Bundes: Erweiterung um flüssigkeitsdichten Schutzanzug.* In: IM EINSATZ 16(6): 42–45

Bittger J (1996) *Großunfälle und Katastrophen.* Schattauer, Stuttgart

Bundesamt für Bevölkerungsschutz und Katastrophenhilfe (Hrsg.) (2005) *Aufbau und Ablauf der Dekontamination und Notfallversorgung Verletzter bei Zwischenfällen mit chemischen Gefahrstoffen.* Zivilschutzforschung Neue Folgen Bd. 56, Bonn

Bundesamt für Bevölkerungsschutz und Katastrophenhilfe (Hrsg.) (2007) *Biologische Gefahren I. Handbuch zum Bevölkerungsschutz.* 3. Aufl., Bonn

Bundesamt für Bevölkerungsschutz und Katastrophenhilfe (Hrsg.) (2007) *Biologische Gefahren II. Entscheidungshilfen zu medizinisch angemessenen Vorgehensweisen in einer B-Gefahrenlage.* Bonn

Bundesamt für Bevölkerungsschutz und Katastrophenhilfe (Hrsg.) (2010) *Katastrophenmedizin. Leitfaden für die ärztliche Versorgung im Katastrophenfall.* 5. Aufl., Bonn

Bundesamt für Bevölkerungsschutz und Katastrophenhilfe, Deutsche Gesellschaft für Katastrophenmedizin (Hrsg.) (2009) *Notfall- und KatastrophenPharmazie. Bd. 1: Bevölkerungsschutz und medizinische Notfallversorgung.* Bonn

Cwojdzinski D et al. (2008) *Leitfaden Krankenhausalarmplanung. Bd. 1: Grundlagen. Kapitel 4: CBRN/ABC-Vorsorge – Vorgehen bei Kontaminationsverdacht.* Grimm, Berlin

Dennenmoser C (2009) *DRK-Kreisverband Säckingen bereitet sich auf ABC-Notfälle vor: Entwicklung eines Dekon-V-Konzepts.* In: IM EINSATZ 16(6): 28–30

Domres B et al. (2010) *Gutachten zu Stand und Handlungsbedarf im medizinischen C-Schutz.* In: Bundesamt für Bevölkerungsschutz und Katastrophenhilfe (BBK) (Hrsg.) (2010) *Empfehlungen zur Verbesserung des medizinischen Bevölkerungsschutzes.* Drei Beiträge. Schriften der Schutzkommission Bd. 3, Bonn, S. 35–112

Klein J (2002) *Gefahrgut-Einsatz. Grundlagen und Taktik.* 2. Aufl. Kohlhammer, Stuttgart, Berlin, Köln

Knorr K-H (2010) *Die Gefahren der Einsatzstelle.* 8. Aufl. Kohlhammer, Stuttgart

Martens F (2009) *Dekontamination von Verletzten im Krankenhaus bei ABC-Gefahrenlagen.* Forschung im Bevölkerungsschutz Bd. 9. Bonn

Müller M, Schmiechen K (2009) *Entwicklung eines zeitgemäßen ABC-Selbsthilfesets für den Katastrophenschutz.* Forschung im Bevölkerungsschutz Bd. 10, Bonn

Neff G, Crespin U (2000) *Handbuch der Sichtung.* Stumpf + Kossendey, Edewecht, Wien

Peter H (Hrsg.) (2001) *Der Betreuungseinsatz. Grundlagen und Praxis.* 2. Aufl. Stumpf + Kossendey, Edewecht, Wien

Rump AFE (1999) *Gift-, Chemie- und Brandunfälle: Toxikologie für Notärzte, Rettungsdienst, Feuerwehr und Katastrophenschutz.* Schattauer, Stuttgart, New York

Schläfer H (Hrsg.) (1998) *Das Taktikschema. Grundlagen der Einsatzführung.* 4., neu bearb. Aufl. Kohlhammer, Stuttgart, Berlin, Köln

Schreiber J (2002) *Arbeitsanweisungen für SEG'en. SEGmente Bd. 5.* 2. Aufl. Stumpf + Kossendey, Edewecht, Wien

Schreiber J (2009) *Die neue SKK-Dienstvorschrift 500: Vorbereitet auf den CBRN-Unfall.* In: IM EINSATZ 16(3): 20–25

Schreiber J (2009) *Standardisierte ABC-Grundausbildung: Umsetzung gemäß SKK-Curriculum beim ASB Bremen.* In: IM EINSATZ 16(6): 10–15

Schreiber J (2010) *Neue Handlungsgrundlage. Die Dienstvorschrift 500 »Einheiten im CBRN-Einsatz«.* In: Bevölkerungsschutz 1/2010: 27–31

Schreiber J (2011) *Medizinische Versorgungskette beim MANV: Über Schnittstellen und Versorgungsnetzwerke.* In: IM EINSATZ 18(2): 23–25

Schröder C, Bräutigam A (2009) *Land übergibt die ersten Abrollbehälter Verletztendekontamination: Neue Technik für den Katastrophenschutz in NRW.* In: IM EINSATZ 16(6): 31–35

Weidringer P (2001) *Der Behandlungsplatz. SEGmente Bd. 2.* 2. Aufl. Stumpf + Kossendey, Edewecht, Wien

Wilbert S, Trebbe R (2009) *Ausstattung des Bundes im CBRN-Schutz: Upgrade der Erkundungsfahrzeuge hat begonnen.* In: IM EINSATZ 16(6): 36–41

Abbildungsnachweis

Alle Grafiken wurden vom Verlag nach den Vorgaben des Autors erstellt. Weitere Quellenangaben finden sich direkt bei den Abbildungen und im Literaturverzeichnis.

J. Schreiber, Affinghausen: Titelbild (Hintergrund), Abb. 10, 11, 13, 14, 16-18, 21, 25

Dr. G. Bartel-Lingg, Fa. VITMO, Esslingen: Abb. 15

Th. Plöger, ASB Bremen-Ost: Abb. 22 und 23